POLYGLOTT on tour

Istrien
Kvarner Bucht

W0189622

Der Autor
Friedrich Köthe

**Mit großer Faltkarte
& 80 Stickern
für die individuelle Planung**

www.polyglott.de

SYMBOLE ALLGEMEIN

Erst-klassig !	Besondere Tipps der Autoren
SPECIAL	Specials zu besonderen Aktivitäten und Erlebnissen
SEITEN BLICK	Spannende Anekdoten zum Reiseziel
	Top-Highlights und Highlights der Destination

TOUR-SYMBOLE		PREIS-SYMBOLE	
❶ Die POLYGLOTT-Touren		Hotel DZ	Restaurant
6 Stationen einer Tour	€	bis 40 EUR	bis 20 EUR
① Hinweis auf 50 Dinge	€€	40 bis 90 EUR	20 bis 35 EUR
[A1] Die Koordinate verweist auf die Platzierung in der Faltkarte	€€€	über 90 EUR	über 35 EUR
[a1] Platzierung Rückseite Faltkarte			

Monfalcone
Aquuileia
Grado
Opticina
Divača
Senožece
Pivka
Pudob
SLOWENIEN
TRIEST
Muggia
Rt. Debeli
Ankaran
Koper
Izola
Piran
Savudrija
Valica
Umag
Buje
Grožnjan
Momjan
Livade
Motovun
Istarske Toplice
Buzet
Roč
Hum
Kozina
Gradišče
Podgrad
Ilirska Bistrica
Ribnica
Reka
Rupa
Klana
Gerovo
Nacionalni Park Risnjak
Sv. Trojica
Hrastovlje
Gračišče
Vodice
Brest
Mirna
Novigrad
Tar
Nova Vas
Sv. Marija na Škriljinah
Beram
Pazin
Poreč
Baderna
Funtana
Vrsar
Kanfanar
Žminj
Rovinj
Bale
Barban
Vodnjan
Rakalj
Marčana
Fažana
Nacionalni Park Brijuni
Veli Brijun
Aerodrom Pula
PULA
Medulin
Premantura
Nacionalni Park Učka
Vranja
Opatija
Lovran
Medveja
Mošćenička Draga
Brestova
Plomin
Labin
Rabac
Raša
Brovinje
Koromačno
RIJEKA
Fužine
Kraljevica
Voz
Omišalj
Aerodrom Rijeka-Kr
Njivice
Dobrinj
Šil
Krk
Vrbn
Glavotok
Valbiska
Pun
Plavnik
Porozina
Beli
Cres
Predošćica
Merag
Valun
Lubenice
Vrana
Martinšćica
Zeča
Stivan
Osor
Punta Križa
Unije
Lošinj
Ćunski
Mali Lošinj
Susak
Kvarner Bucht
A1
A3
A6
A7
A8
A9
66
Westküste & Hinterland S. 48
Ostküste & Inneristrien S. 80
Kvarner Inseln S. 122
Adriatisches Meer
N
0
20 km

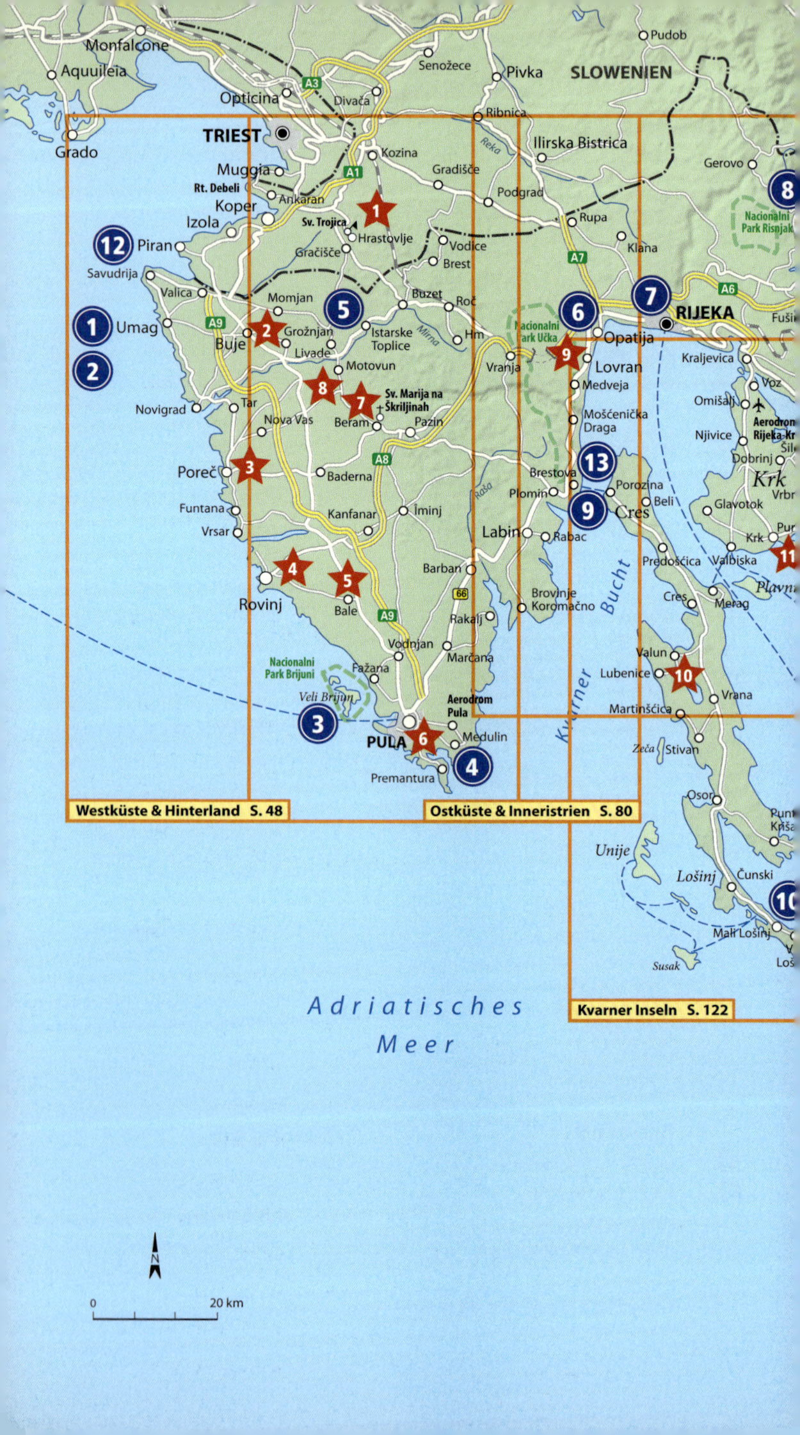

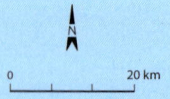

Perfekte Planung
Parallel Klappe vorne links aufschlagen

(1) **Touren-Start**

Top 12 Highlights

1. **Sv. Trojica** › S. 59
2. **Grožnjan** › S. 61
3. **Euphrasius-Basilika** › S. 63
4. **Altstadt von Rovinj** › S. 66
5. **Bale** › S. 71
6. **Amphitheater in Pula** › S. 75
7. **Sv. Marija na Škriljinah bei Beram** › S. 92
8. **Motovun** › S. 96
9. **Jugendstil-Villen in Lovran** › S. 108
10. **Lubenice** › S. 129
11. **Krk-Stadt** › S. 138
12. **Rab-Stadt** › S. 144

Zeichenerklärung der Karten

▭	beschriebene Region (Seite=Kapitelanfang)
⑩ Ⓔ ⓗ	Sehenswürdigkeiten
④	Tourenvorschlag
	Autobahn
	Schnellstraße
	Hauptstraße
	sonstige Straßen
	Fußgängerzone
	Eisenbahn
	Staatsgrenze
	Landesgrenze
	Nationalparkgrenze

Kvarner Bucht S. 99

Rovinj mit dem Turm von
Sv. Eufemija wird auch »Venedig
von Istrien« genannt

TYPISCH

Istrien und Kvarner Bucht sind eine Reise wert!

Bergdörfer im Morgennebel, Hafenstädtchen, die sich um fingerschlanke Campaniles scharen, und ein Meer so durchscheinend, als sei es aus Glas: Das sind meine Sehnsuchtsbilder aus Istrien und der Kvarner Bucht.

Der Autor **Friedrich Köthe**

Der Münchner Reisejournalist ist bei jedem Besuch überrascht, mit welcher Lässigkeit sich die Region entwickelt und immer wieder neu erfindet. Angesichts der landschaftlichen und regionalen Vielfalt einen Lieblingsort zu nennen, fällt ihm schwer. Aber eine Istrien-Reise ohne einen Besuch in Mošćenices sympathischer Konoba Tu Tamo mit Traumblick auf die Insel Cres – das geht gar nicht.

Lange wollte keiner meiner Bekannten glauben, dass Istrien und die Kvarner Bucht Genusslandschaften sind. Jedes Mal, wenn ich an die nördliche Adriaküste fuhr, wurde ich hämisch verabschiedet: Freust du dich auf zwei Wochen Čevapčići? Auf den jugoslawischen Weinverschnitt? Sozialistische Bettenburgen? Der Klügere schweigt ... und genießt. Denn sobald die aromatischen Duftwolken der Macchia durchs Autofenster hereinwehen und meine Augen über tiefgrüne Weinhügel und silbrig glitzernde Olivenhaine streifen, sobald ich eines der saubersten Meere Südeuropas unter der Restaurantterrasse glucksen höre, der Kellner einen rohen Kvarner Scampo auf Ziegenfrischkäse mit Olivenöl von Klaudio Ipša serviert und der honiggelbe Malvazija von dem Spitzenwinzer Kozlović im Glas leuchtet – dann, ja genau dann bin ich in *meinem* Istrien angekommen.

Zugegeben, die tropfenförmige Halbinsel und der südlich anschließende Kvarner Golf mit den Inseln Cres, Lošinj, Krk und Rab wirken auf den ersten Blick herb: Baden ist an den felsigen Küsten eine Frage der Balance, denn der Weg ins Wasser ist oft etwas beschwerlich. Die Landschaft mit ihren auf Hügeln thronenden Wehrstädtchen erinnert an die Toskana, aber sie ist dramatischer. Drei der vier Kvarner Inseln sehen vom Festland aus, als hätte sie der Windgott mit Schmirgelpapier bearbeitet – der Nordwind Bora vernichtet bei seinen Attacken die meisten Pflänzchen und hinterlässt kahlen Stein. Doch hinter diesen Felsbarrieren tragen die Inseln duftende Macchia, Wein-

Küste bei Savudrija an der Nord-westspitze des kroatischen Istriens

reben und Lavendelfelder. Venezianische Hafenstädte entfalten ihren mediterranen Charme, prunkvolle Villen und Hotels in den Seebädern der k. u. k. Riviera erinnern an die Epoche der Habsburger Dominanz, und im glasklaren Meer tummelt sich eine Vielfalt von Lebewesen, von der die italienische Adria gegenüber nur träumen kann.

Zum Träumen animiert auch die Qualität der landwirtschaftlichen Produkte, deren Herstellung sich die Menschen mit geradezu religiöser Inbrunst widmen. Die zur Gleichmacherei und Großproduktion neigende jugoslawische Ära hat individuelle Besonderheiten nicht gerade gefördert. Umso konzentrierter arbeiten Olivenbauern, Winzer, Imker, Rinder- und Ziegenzüchter, Fischer und Köche, nicht zu vergessen diejenigen, die kostbare istrische Trüffel verarbeiten, daran, Spitzenprodukte zu erzeugen. Gourmetbibeln wie Flos Olei oder Gault &

Millau belohnen dieses Engagement mit einer von Jahr zu Jahr steigenden Zahl von enthusiastisch lobenden Einträgen.

Ähnlich ist es um die Hotellerie bestellt. Istrien stand früher für Massentourismus, heute jedoch empfangen nicht nur die runderneuerten und angeschickten Camping- und Hotelanlagen, sondern auch Boutique- und familiengeführte Hotels Feriengäste. Bei allen Änderungen, die seit der kroatischen Unabhängigkeit 1991 die Region umgekrempelt haben, die ureigene Qualität der kroatischen Gastgeber, ihr Markenkern, ist nach wie vor im Übermaß vorhanden: überschwängliche Herzlichkeit und die Bereitschaft, jeden Gast wie ein verloren geglaubtes Familienmitglied aufzunehmen.

Wir sind nicht die Ersten, die den nördlichen Teil der kroatischen Küste schätzen. Schon die Römer ließen es sich hier gut gehen und hinterließen Villen, Tempel und ein

Blick von der Terrasse der Konoba Tu Tamo auf Cres

Antikes Entrée in die Altstadt von Pula: der Sergier-Bogen

lich sind die Einflüsse präsent: Viele Istrier sprechen ein österreichisch gefärbtes Deutsch, und es gibt nicht wenige, die zwar ein istrisch geprägtes Italienisch, aber kein Kroatisch verstehen. Dem Zusammenwirken dieser drei Kulturen, der slawischen, romanischen und österreichisch-mitteleuropäischen, verdanken Istrien und Kvarner ihren speziellen Charme.

Amphitheater. Später wetteiferten Venedig und Habsburg um die damals noch waldreiche, fruchtbare Landschaft und die sicheren Häfen. Daher auch die vielen Déjà-vus in Städten wie Novigrad, Poreč oder Krk – Venedig war das Vorbild.

Die Architektur des austroungarischen Fin de Siècle wiederum verleiht Kurstädtchen wie Opatija, Lovran oder Crikvenica einen Hauch von Walzerseligkeit. Auch sprach-

Zurück ans Meer: Baden oder Schnorcheln sind nicht die einzigen Aktivitäten, denen Sportbegeisterte nachgehen können. Die buchtenreiche Küste lässt sich mit einem Boot, Kajak oder einer Segeljacht bestens erkunden, und natürlich sind auch Tauchgänge lohnend. Im Hinterland wird viel und gerne Fahrrad gefahren, wobei v. a. Mountainbikern anspruchsvolle Routen offen stehen. Auch zu Fuß lässt sich mancher Berg, mancher Naturpark erobern, denn die Wege sind gut markiert. Die Region steht aber auch für Wellness: Von der traditionellen Thalassotherapie bis zu Yoga-Stunden beim SUP ist an jede Form von Entspannung gedacht. Und Familientauglichkeit wird groß geschrieben, denn Kinder sind in Kroatien die heimlichen Könige.

Ganz gleich, ob Sie luxuriöse Exklusivität suchen oder *all inclusive,* ob Sie Istrien und Kvarner als Kulturinteressierter oder als Gourmet besuchen, ob Sie einen Kurztrip ins frühlingshafte Istrien unternehmen oder für sechs Wochen ein Ferienhaus mieten – enttäuscht werden Sie sicher nicht! Dobrodošli!

Istrien ist ein Eldorado für Mountainbiker

Reisebarometer

Was macht Istrien und die Kvarner Bucht so besonders? Sind es Strände, Meer und Sonne oder venezianische Bilderbuchstädtchen, kulinarische Vielfalt oder sportliche Herausforderungen? Wir zeigen die Schokoladenseiten Istriens.

Landschaftsvielfalt
Von Pinien gesäumte Buchten, mediterrane Küstenvegetation, herbes Hügelland, bezauberndes Inselarchipel

Kultur/Besichtigungsmöglichkeiten
Römische, byzantinische, venezianische Einflüsse, Habsburger Prunkvillen

Kulinarisches Erlebnis
Einzigartige Genüsse dreier kulinarischer Traditionen

Spaß und Abwechslung für Kinder
Abenteuer Strand, Aquaparks, Dinosaurierspuren

Shoppingangebot
Allerfeinste Köstlichkeiten, die die Natur hervorbringt

Abenteuer und Entdeckungen
Tropfsteinhöhlen, ZIP-Line und Wracktauchen

Sportliche Aktivitäten
Wassersport, Wandern und Radfahren

Geeignet für Strandurlaub
Idyllische Buchten, glasklares Meer – nur: selten Sand

Wellnessurlaub
Von Hot Stone bis Kneipp

Preis-Leistungs-Verhältnis
Qualität hat ihren Preis, auch in Istrien

● = gut   ●●●●● = übertrifft alle Erwartungen

50 Dinge, die Sie ...

Hier wird entdeckt, probiert, gestaunt, Urlaubserinnerungen werden gesammelt und Fettnäpfe clever umgangen. Diese Tipps machen Lust auf mehr und lassen Sie die ganz typischen Seiten erleben. Viel Spaß dabei!

... erleben sollten

(1) **Tiefe Schlucht** Schwindelfrei sollten Sie sein beim Rope Jump über Pazins Schlucht. Denn bei dieser Variante des Bungee Jumping haben Sie viel mehr vom freien Fall (und kein sich endlos ziehendes Gummiseil)! Die Profis der ZIP Line › S. 92 organisieren das im Sommer jeweils Freitag und Samstag von 12–18 Uhr (120 Kn).

(2) **Trüffeljagd** In Istrien »jagt« man die feine Knolle mit Hunden, und die Vierbeiner von Karlić Tartufi in Buzet › S. 93 sind besonders lebhafte Gesellen. Folgen Sie ihnen in den dichten Motovuner Wald ... (Paladini 14, Buzet, Tel. 052 66 73 04, http://karlictartufi.hr, 80–480 Kn).

(3) **Unter Wasser** Die Schnorchel für den Unterwasserlehrpfad in der Verige-Bucht auf Veli Brijun › S. 54 haben es in sich: Über sie bekommt der Taucher eine Audio-Unterwasserführung. So erforscht er römische Funde und erfährt Spannendes über den Unterwasser-Nationalpark. Anmeldung bei der Nationalparkverwaltung › S. 73 (210 Kn).

(4) **Hotspot der Profis** Ins offene Meer wagen sich am Kap Kamenjak › S. 79 die Könner unter den Windsurfern und manövrieren sich durch launische, wechselhafte Winde. Ausrüstungsverleih bei der Windsurfstation › S. 79 (ab 100 Kn).

(5) **Wandern in der Tramuntana** Am Dorf Beli › S. 128 auf Cres nehmen gleich mehrere Wanderwege ihren Ausgang: Der Eko-Trail Nr. 1 führt in einem spannenden 10 km langen Rundkurs zu einer Römerbrücke, Naturdenkmälern, Hirtenhütten und Steinlabyrinthen.

(6) **Im Kajak durch den Archipel** 22 kleine Inseln bilden den Archipel vor Rovinj › S. 67. Vom Kajak aus entfaltet diese faszinierende Küstenlandschaft ihren ganz besonderen Reiz (Touren über Darko Ferenčević, Carera 69, Rovinj, Tel. 095 838 37 97, www.adistra.hr, ab 280 Kn).

(7) **Aus der Vogelperspektive** Motovun › S. 96 und all die anderen istrischen Bergstädtchen einmal wie ein Adler erspähen: Im Tandem mit einem erfahrenen Piloten wird ein unvergessliches Paragliding-Erlebnis daraus (Ulica Borgo 1, Motovun, Tel. 098 9 22 80 81, www.istraparagliding.com, Saisoneröffnung im Mai, ab 700 Kn).

⑧ Schnuppertauchen Nur selten haben Tauchschulen ihr Hausriff direkt am Strand wie die in Beli [G5] auf Cres. Flaschen, Flossen und die Maske auf, ein paar Schritte ins Wasser und schon ist man umgeben von kunterbunter Unterwasserwelt (Diving Beli, Pension Tramontana › **S. 132**, ab 110 Kn).

⑨ Balance wahren Einen idealeren Ort für den Trendsport SUP gibt es kaum: Die Čikat-Bucht [G10] auf Lošinj ist vor Strömungen und Winden geschützt, und so können Sie sich ganz auf das innere Gleichgewicht konzentrieren. Kurse (ab 450 Kn) und Verleih (ab 60 Kn) bei Sunbird › **S. 137**.

⑩ Karstphänomene Nach dem Besuch der Höhle Špilja Biserujka › **S. 141** geht's auf einer etwa 20-minütigen Wanderung entlang eines Lehrpfads zu der Slivanjska-Bucht. Schautafeln erläutern die Besonderheiten der Karstlandschaft, und am Ende lockt ein Bad im Meer.

… probieren sollten

⑪ Lamm unter der Haube Die traditionelle Zubereitung unter einer Peka › **S. 45** ist unbedingt probierenswert. Mein Favorit: das nach den herb-aromatischen Kräutern von Cres schmeckende Peka-Lamm der Konoba Bukaleta › **S. 132**.

⑫ Wildspargel Bei uns ist der wilde, aromatischere Bruder des grü-

Mit der ZIP-Line über Pazins Schlucht

nen Spargels nahezu unbekannt – in Istrien gilt er als Delikatesse. Zwischen März und Mai muss man ihn einfach verkosten. Am besten mit Rührei und Speck, einer *fritaja,* etwa in der Konoba Buščina › **S. 56**.

⑬ Fritto misto Drachenkopf, Seezunge, Branzin … Gibt's nirgendwo so frisch wie im MaDaLu an der Santa-Marina-Bucht in Tar [B4], eigenhändig gefischt von Sohn Danijel und zubereitet von Mama Laura (Santa Marina, Tel. 095 8 54 67 08, Ostern–Ende Sept., €).

⑭ Bio-Ziegenkäse Der Anwalt Aleš Winkler tauschte den Kanzleistress gegen ein Bauernhaus und eine Ziegenherde ein und verkauft seinen einzigartigen Käse auf dem Markt in Pula [C–D7]. Der Stand mit der Aufschrift *Kumparička – goat to go* ist nicht zu übersehen.

⑮ Kvarner Scampi Sie werden gern roh als Sashimi mit feinem Olivenöl und Fleur de Sel serviert. Im Restaurant Johnson schmecken sie einfach himmlisch (Majčevo 29 b, Mošćenička Draga, Tel. 051 73 75 78, www.johnson.hr, €€€). [F4]

(16) Malvazija Istarska Der istrische Malvazija ist ein frischer, trockener Weißwein, ideal für laue Sommerabende. In der fantastisch sortierten Weinbar Piassa Granda schmeckt er auch als Aperitif (Veli trg 1, Rovinj, Tel. 098 82 43 22). [B5]

(17) Kvarner Tapas Gratinierte Jakobsmuscheln, Meeresschneckensalat oder Garnelenragout ... die verschiedenen Genüsse der Region kann man z. B. im Bistro Mala riba verkosten (Tometići 33a, Kastav, Tel. 051 27 79 45, www.mala-riba. com, €€). [F/G3]

(18) Istrische Tapas Sie sind weniger fischlastig, aber mindestens ebenso gut! Das Segutra in Rovinj [B5] hat den Trend angestoßen, und hier bekommen Sie die wirklich beste Auswahl (ul. Sv. Križa, Rovinj, Tel. 052 81 20 04, €).

(19) Craft-Bier Das blonde Lager, das rote Premium und ein Schwarzbier schenken viele gute Restaurants in Istrien aus, aber auch das brauereieigene Pub in Buje [B/C3] (San Servolo, Momjanska ul. 7, Buje, Tel. 091 3 76 42 01, www.bujska-pivovara.com).

(20) Šurlice Die kroatische Variante der bei uns als Schupfnudeln bekannten Teigwaren schmeckt am besten zu Wildgulasch, z. B. in der Konoba Nada in Vrbnik › S. 142.

... bestaunen sollten

(21) Viadukte Die Parenzana › S. 98 ist heute eine anspruchsvolle MTB-Route. Doch zu den beiden erstaunlichen Viadukten von Završje (20 m hoch, 62 m lang) und Antonci (25 m hoch, 80 m lang) kommt man vom Dorf Vižintini [C3] aus auch zu Fuß (6 km östlich von Oprtalj, je 1 km nach rechts bzw. links).

(22) Klangwunder Die Orgel in der Sv. Pelegrin von Umag › S. 55 zählt zu den kostbarsten Kircheninstrumenten Istriens. Bei den Konzerten des Festivals Organum Histriae im Sommer staunen Zuhörer über ihren einzigartigen Klang (www.organum-histriae.com).

(23) Heimsuchung Das wunderbare Motiv verschwindet beinahe unter dem Goldglanz der Apsis in Porečs Euphrasius-Basilika › S. 63: An der Südseite stattet Maria in Braun vor einer typisch istrischen Landschaft der in Gold gekleideten Elisabeth einen Besuch ab, um von ihrer Schwangerschaft zu erzählen.

(24) Ein Trichter in die Unterwelt Wo Erosionsprozesse den Kalkstein so ausgehöhlt haben, dass die Decke einbricht, bilden sich Einsturztrichter. Durch ein solches Karstphänomen steigt man in die Höhle Baredine › S. 65 hinunter. Unheimlich!

(25) Last Minute Jazz Anfang August vibriert die Altstadt von Bale. Dann spielen internationale Jazz-

Das Fresko der Heiligen Drei Könige in Sv. Marija na Škriljinah bei Beram (Ausschnitt)

größen in der Kneipe Kamene priče › **S. 71** zwischen Sperrmüllmöbel und Mittelaltermauern – geradezu unglaublich!

26 **Wie gemalt** Die Stadtpromenade Šetalište San Marco in Labin › **S. 86** öffnet sich wie eine Terrasse über das grüne Land und lässt den Betrachter davon träumen, wie eine Möwe darüber zu segeln.

27 **Wimmelbild** Beim Fresko der Heiligen Drei Könige an der Nordwand der Kirche Sv. Marija bei Beram › **S. 92** hat Vincent von Kastav aus dem Vollen geschöpft: Er lässt die adeligen Besucher auf 7 m Länge durch istrische Landschaft reiten und gesellt ihnen 20 Pferde und weitere 30 Personen hinzu, ein jeder mit individuellen Zügen!

28 **Der lang Ersehnte** Ein griechischer Bronzejüngling tauchte 1996 aus den Fluten der Adria vor Lošinj auf und avancierte sofort zur Weltsensation: Er ist einer von weltweit nur drei erhaltenen Kopien des Apoxyomenos. Seit 2016 können

Besucher ihn in seiner ganzen Nacktheit in Mali Lošinj bewundern › **S. 134**.

29 **Sundowner** Nur wenige Sonnenuntergänge am Meer können sich mit dem Erlebnis vergleichen, das sich abends vor dem Betrachter im Agroturizam Dvori Sv. Jurja auf Krk entfaltet (Bok od Brožica 100, Vrh, Krk, Tel. 091 5 05 33 91, www. krk-agroturizam.com, €€). [H6]

30 **Velebit-Gebirge** Eine unbefestigte, sehr schmale Straße führt ab Mundanije auf der Insel Rab bis zum 408 m hohen Kamenjak-Gipfel [J8] – zu Fuß in etwa 1,5 Std. Dann steht man wie vor einer Wand aus grauem Fels, und wenn die Bora weht, scheint das Meer im Velebitski kanal zu kochen.

31 **Meer mit Schneegipfeln** Vor allem im Frühsommer, wenn die Luft klar und die Julischen Alpen noch schneebedeckt sind, ein tolles Motiv: der Blick von Pirans Kirche Sv. Georg › **S. 59** über den Golf von Triest zu der Alpenkette.

... mit nach Hause nehmen sollten

(32) Istrischer Teran Der autochthone Teran ist unveredelt ein herbes rotes Tröpfchen, aber Istriens Winzer haben den rauen Kerl in einen feinen Wein verwandelt. Der von Kozlović in Buje [B/C3] reift im Eichenfass (Vale 78, Momjan, www.kozlovic.hr, ab 75 Kn).

(33) Safran Bei Labin [E5] tragen die Wiesen der Suavis Farm im Herbst das lila Kleid aufblühender Safran-Krokusse. Als *Šafran Istre* bekommen Sie deren kostbare Stempel in Feinkostgeschäften, etwa in der Butega in der Altstadt Labins (Paolo Sfeci 1, Labin, Tel. 097 7 51 77 82, pro Gramm 120 Kn).

(34) Honig Schilder mit der Aufschrift *med* hängen an vielen Häusern – dort verkaufen Hobbyimker ihre Produkte. Bio-Honig bester Qualität können Sie in der Imkerei

Melon kaufen (Motovunska 12, Petrovija, Tel. 052 74 01 39, www.apimelon.hr, 30 Kn/300 g). [B2]

(35) Trüffel Schwarze und weiße Tartufi sind in Istrien überall erhältlich, so auch beim Vater des Trüffelbooms, Giancarlo Zigante in Livade › S. 98. Seine zu Pasten verarbeiteten Trüffel schmecken auch zu Hause wunderbar (ab 65 Kn).

(36) Brandy Schon mal Brandy aus Johannisbrot oder Oliven probiert? AurA aus Buzet › S. 94 hat neben den verrücktesten Sorten aber auch ganz traditionelle wie Biska oder Travarica im Programm (ab 80 Kn).

(37) Glücksbringer Was für uns das vierblättrige Kleeblatt ist, ist in Rijeka oder Lovran ein Turban tragender Afrikaner, der Morčić › S. 19. Die mit ihm geschmückten traditionellen Ohrringe aus Rijeka sind ungemein hübsch. Gibt es z. B. in der Mala galerija › S. 117 (350 Kn).

(38) Holzdesign Wenn Danijel Kaloćira aus Rab-Stadt [J8] Holz bearbeitet, erwacht es zu neuem Leben. Seine Schalen sind ebenso sinnlich wie schön – und ungemein praktisch (Čento e Boka, Biskupa draga 2, Tel. 051 72 43 00, ab 200 Kn).

(39) Armbändchen mit Fisch Der angesagte Schmuck für sonnengebräunte Haut kommt von der kroatischen Modekette Aqua Maritime und ist in deren Filialen in allen Badeorten erhältlich, z. B. in Mali Lošinj › S. 137 (80 Kn).

Istrien ist Heimat erstklassiger Olivenöle

(40) Kroatische Mode In Rijekas [G3] Cro Design sind zahlreiche kroatische Top-Designer vertreten. Die aus verschiedenen Materialien gefertigten Patchworktaschen sind *die* Hingucker für zu Hause (Šime Ljubića 12, Rijeka, Tel. 051 32 40 02, www.facebook.com/crodesignstudio, ab 300 Kn).

(41) Öko-Filz Von den Filzpantoffeln der Initiative RUTA auf Cres profitieren nicht nur die Dörfer, deren Wolle sonst wertlos wäre, sondern v. a. auch Ihre Füße. Gibt es bei Oliva in Mali Lošinj [G10] (Priko 28, Tel. 091 2 09 79 15, ab 220 Kn).

(42) Fleur de Sel Die kostbare Salzblüte aus den slowenischen Salinen von Sečovlje › **S. 58** wird von Hand geschöpft und verleiht Speisen einen besonders aromatischen Geschmack. Sie können *Solni cvet* im Salinenladen erwerben (ab 70 Kn).

(43) Grünes Gold Das Angebot hochklassiger Olivenöle aus Istrien ist einmalig. Unter den weltbesten, von »Flos Olei« bewerteten findet man auch das Öl von Olea aus Rabac [E5] (Creska 34, Tel. 098 9 09 25 23, www.oleabb.hr, ab 140 Kn).

… bleiben lassen sollten

(44) Barfuß ins Meer Es tut ganz schön weh, wenn einer der an der kroatischen Adria recht häufigen Seeigel seine im Fleisch leicht abbrechenden Stacheln in den Fuß bohrt.

(45) Lebende Scampi essen Einem zappelnden Scampo den Kopf abzureißen, wie hin und wieder in istrischen Feinschmeckerrestaurants zu beobachten, ist das Genuss?

(46) Radwege unterschätzen Istrien ist ein Paradies für Radler, doch die spannendsten Touren eignen sich nur für's MTB. Mit dem normalen Tourenrad auf die Parenzana › **S. 98** – das ist ein No-Go!

(47) Warnungen missachten Das Meer ist glatt wie ein Spiegel, kein Wölkchen am Himmel – und da warnt der Hafenmeister davor, mit dem Boot hinauszufahren? Glauben Sie ihm unbedingt!

(48) Ein Wein zu viel Ist ja nur eine kleine Verkostung … nur noch dieses Gläschen … So gefährden Sie beim Autofahren sich und andere, und die kroatische Polizei kennt bei Alkoholsündern keine Gnade.

(49) Kroatiens Küste um Ferragosto Sie ist längst zum Lieblingsziel italienischer Touristen avanciert, und die treten zwischen dem 1. und 15. August zahlreich auf. Diese Zeit sollte man besser meiden.

(50) Vignette und Licht vergessen Wer mit dem Auto nach Kroatien fährt, muss zwangsläufig Slowenien durchqueren, wo besondere Verkehrsvorschriften gelten: Tagsüber mit Licht fahren und eine Vignette für die Autobahnen und Schnellstraßen ist Pflicht! Schummeln wird richtig teuer.

Was steckt dahinter?

Die kleinen Geheimnisse sind oftmals die spannendsten. Wir erzählen die Geschichten hinter den Kulissen und lüften für Sie den Vorhang.

Warum ist Istriens Wappentier eine Ziege?

Bereits in römischer Zeit soll die Ziege als Wappen für die istrische Halbinsel gedient haben. Unter Habsburger Herrschaft gesellten sich zu dem goldfarbenen Tier mit lang geschwungenen, roten Hörnern drei grüne Berge vor blauem Hintergrund. Heute trägt das istrische Wappentier auch rote Hufe und steht gülden vor himmlischem Blau. Als Nutztier wurde die istrische Ziege, die übrigens eine autochthone Rasse darstellt, lange Zeit nicht wertgeschätzt; sie galt als nahezu ausgestorben, bis sich einige Viehzüchter des zähen und nützlichen Tiers erinnerten. Einmal im Jahr findet in Svetvinčenat › **S. 70** sogar die Wahl zur schönsten Ziege statt (www.tz-svetvincenat.hr).

Warum fallen junge Geier ins Wasser?

Die auf den Kvarner Inseln Cres und Plavnik lebenden Gänsegeier – der Bestand wird derzeit auf 80 Paare geschätzt – bauen ihre Horste in die steilen Felswände über dem Meer. Immer wieder kommt es vor, dass ihre Jungvögel, aufgeschreckt durch den Lärm von Booten oder beim zu frühen Flugversuch, aus dem Nest ins Meer stürzen und ertrinken. Vogelschützer versuchen, diese Tiere zu retten.

Wer ist der Morčić/Mustaćon?

Das Motiv eines manchmal auch schnauzbärtigen, stets aber dunkelhäutigen Mannes mit Turban findet sich an der nördlichen Adriaküste sowohl auf traditionellen Schmuckarbeiten aus Rijeka › **S. 16** wie auch als Relief an Hausfassaden, wie etwa in Lovran. Seit Jahrhunderten galt dieser Orientale als Schutz vor bösen Einflüssen.

Wie steht es um die kroatisch-slowenische Freundschaft?

Die beiden Nachbarländer, die mit ihrer Unabhängigkeitserklärung im Jahr 1991 den Startschuss zum Auseinanderbrechen Jugoslawiens gegeben haben, sind sich in einer recht fragilen Freundschaft verbunden. Gelegentlich hat es den Anschein, als lasse keiner eine Gelegenheit ungenutzt, den anderen zu ärgern. Seit Jahren beschäftigt der Streit um die Grenzziehung zwischen den beiden Staaten in der Bucht von Piran den Europäischen Gerichtshof bzw. ein Internationales Schiedsgericht in Den Haag. Und auch um den Wein streiten die beiden Nachbarstaaten trefflich: »Teran« hat sich Slowenien für seinen Refošk-Rotwein bei der EU schützen lassen und will Kroatien nicht zugestehen, seinen Teran aus der gleichnamigen Traube ebenfalls unter diesem Namen in der EU zu verkaufen. Na denn, Prost!

19

Motovun liegt auf einem 277 m
hohen Hügel und bietet fantastische Ausblicke ins Mirna-Tal

REISE-PLANUNG & ADRESSEN

Die Reiseregion im Überblick

Kultur, Strände, kulinarische Genüsse und Wassersport – in wenigen europäischen Regionen sind diese Elemente so eng miteinander verbunden wie in Istrien und der südöstlich anschließenden Kvarner Bucht.

Die 3468 km² große **Halbinsel Istrien** schiebt sich wie eine Zunge vom Festland in die Adria und besitzt im Gegensatz zur Küstenlinie weiter südlich nur wenige vorgelagerte Eilande. Die rund 537 km lange Küste ist weitgehend felsig und zu tiefen Buchten ausgeformt – der Limski kanal an der Westküste und die Bucht von Plomin an der Ostküste gleichen gar eher Fjorden als Buchten. Istriens **Westküste** ist flach, entlang der Süd- und **Ostküste** hingegen steigen die Berghänge steil aus dem Meer und lassen nur einigen Ortschaften Raum. Viele Städte im Westen wie Umag, Poreč, Rovinj wurden auf Halbinseln oder Inseln gegründet und später mit dem Festland verbunden. Im Osten siedelten die Menschen vornehmlich auf Bergkuppen. Im **Inneren** bietet sich ein ähnliches Bild: Gut befestigte Städte wie Motovun oder Grožnjan thronen auf Hügeln mit steilen Flanken und verleihen der Landschaft ein »toskanisches« Flair.

Geologisch ist Istrien in drei Zonen unterteilt: Das **rote Istrien** bezeichnet die westliche, von der Küste einige Kilometer ins Landesinnere reichende Region, deren Kalkböden eine sehr fruchtbare Decke der *terra rossa*, roter Erde, tragen und sich hervorragend für den Anbau von Wein und Oliven eignen. Entsprechend dicht besiedelt und bepflanzt ist dieser Teil. Nach Osten schließt das **graue Istrien** der Lehmböden an, auf denen die Landwirtschaft ebenfalls gute Erträge bringt. Karg präsentiert sich hingegen das **weiße Istrien**, ein Hochplateau mit den Gebirgszügen der Ćićarija und der Učka, auf deren

Daran gedacht?

Einfach abhaken und entspannt abreisen

- [ ] Zulassungsbescheinigung 1/ Grüne Versicherungskarte
- [ ] Personalausweis
- [ ] Flug-/Bahntickets
- [ ] Führerschein (Leihwagen)
- [ ] Badeschuhe
- [ ] Babysitter für Pflanzen und Tiere organisiert
- [ ] Zeitungsabo umleiten / abbestellen
- [ ] Postvertretung organisiert
- [ ] Hauptwasserhahn abdrehen
- [ ] Fenster zumachen
- [ ] Nicht den AB besprechen: »Wir sind für zwei Wochen nicht da.«
- [ ] Kreditkarte einstecken
- [ ] Medikamente einpacken
- [ ] Ladegeräte
- [ ] Sonnenhut- und -creme

In der Nähe von Valun auf der Insel Cres

magerem Kalkgestein vorrangig Schafe und Ziegen weiden. Die gesamte Halbinsel prägen die Erosionsformen des **Karstes** wie Dolinen oder Polje – durch eingebrochenen Untergrund entstandene Senken, in denen sich fruchtbare Erde sammelt. Einige der zahlreichen unterirdischen Kavernenketten sind zu Schauhöhlen ausgebaut.

Politisch teilen sich drei Länder die Halbinsel: Ein winziger Teil (um das Städtchen Muggia) gehört zu Italien; daran schließt Slowenisch-Istrien mit 46,6 km Küstenlänge an, den Großteil aber verwaltet Kroatien. Istriens Hauptort ist das kroatische Pazin.

Die **Kvarner Bucht** mit den Inseln Cres, Lošinj, Krk, Rab und einigen kleinen Satelliten schließt als Küstenland östlich an Istrien an und erstreckt sich bis etwa Karlobag im Süden. Charakteristisch ist das milde Klima, das die Bucht den Gebirgszügen von Učka und Gorski kotar verdankt, die sie vor kalten Nord- und Ostwinden abschirmen. Subtropische Vegetation und große Fruchtbarkeit verleihen der Kvarner Küste ihren besonderen Charme, den um die Wende vom 19. zum 20. Jh. gekrönte Häupter, Literaten und Künstler vornehmlich aus dem Reich der Donaumonarchie schätzten. Die architektonischen Zeugnisse dieser Ära – Hotels, Villen, Bäder – prägen Orte wie Lovran, Opatija oder Crikvenica mit dem Flair der k. u. k. Zeit.

Ganz anders präsentiert sich die Natur der **Kvarner Inseln:** Jahrhunderte der Abholzung und der eisige Fallwind Bora haben ihre dem Norden und Osten zugewandten Seiten kahl geschliffen, und auch das Inselinnere präsentiert sich oft spröde und vegetationsarm. Lošinj, Krk und Rab besitzen aber auch grüne, sanfte Seiten; nur das herbe, umso faszinierendere Cres ist eine von zäher Macchia bewachsene Karstlandschaft, über der vom Aussterben bedrohte Gänsegeier ihre Kreise ziehen. Unter den kleinen Inseln – Susak, Unije, Ilovik, Vele und Male Srakane – westlich und südlich von Lošinj besitzt Susak ein unverwechselbares Gesicht: Die Insel ist mit sandigem Lehm bedeckt und besitzt deshalb Sandstrände.

Sand ist selten in Istrien und Kvarner. Die meisten **Strände** schmiegen sich an Fels- oder Kiesbuchten; der Einstieg ins Wasser wird deshalb vielerorts durch Plattformen und Leitern erleichtert. Durch den steinigen Grund ist das Wasser ungemein klar, was Schnorchler und Taucher schätzen. Welche Strände in Istrien und auf den Inseln sich mit Feinkies oder gar Sand schmücken, verrät die »Erstklassig«-Liste Sandstrände › **S. 27.**

Klima & Reisezeit

Mittelmeerklima mit kühlen, regenreichen Wintern und warmen bis heißen Sommern ist charakteristisch für Istrien wie auch für den Kvarner.

Das Frühjahr macht sich schon im Februar mit blühenden Mandelbäumen und sprießendem Wildspargel bemerkbar, sonnige Herbsttage können Feriengäste bis in den November hinein genießen. Nur die **Bora** bereitet dem nahezu Ganzjahres-Reiseziel hin und wieder Ärger. Der kalte, aus Nord und Nordost wehende Fallwind tritt v. a. im Herbst, Winter und Frühjahr auf. Er peitscht das Meer auf und lässt die Temperaturen empfindlich sinken. Ab und an treibt er jedoch auch im Sommer sein kaltes und für die Schifffahrt gefährliches Spiel.

Ausschlaggebend für die Wahl der **Reisezeit** sind die geplanten Aktivitäten: Frühjahr und Herbst erlauben mit milden Temperaturen so gut wie alle Sportarten wie Radfahren oder Wandern, die in der Sommerhitze zur Qual würden. Badetemperaturen von um die 20 °C erreicht die Adria oft schon Anfang Juni, an der Ostküste Istriens und im Kvarner, wo die Küste steil abfällt, etwas später. Bei guter Witterung kann man bis weit in den Oktober hinein ins Meer springen. Einen großen Bogen sollte man, wenn möglich, um die Ferienzeiten in Kroatien, Slowenien und Italien machen, die in etwa Juli und August umfassen. Dann sind die Strände wirklich dicht besetzt, man wartet stundenlang an den Autofähren zu den Inseln und die Preise für Unterkunft, Essen, Liegestuhlverleih etc. schnellen in die Höhe.

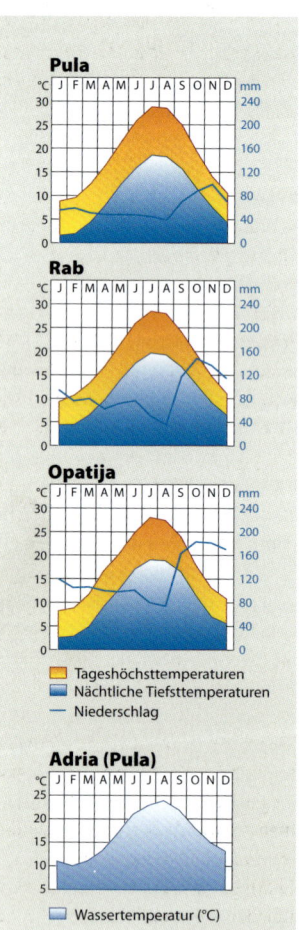

Pula

Rab

Opatija

□ Tageshöchsttemperaturen
□ Nächtliche Tiefsttemperaturen
— Niederschlag

Adria (Pula)

□ Wassertemperatur (°C)

Anreise

Mit dem Auto

Die meisten Besucher aus Mittel-
und Süddeutschland, Österreich
und der Schweiz reisen mit dem
Auto an. Istrien ist über die Tauern-
Autobahn durch Österreich, den
Karawanken-Tunnel nach Sloweni-
en und dort dann je nach Ziel entweder über den Grenzübergang
Rupa (Richtung Rijeka) oder Kaštel

Autofähre von Porozina/Cres nach Istrien

(Richtung Westküste) schnell er-
reichbar. Von Westen kommend wählt man die Anreise über die italienischen Städte Udine und Triest und durch Slowenien zur Grenze bei Kaštel.
Auf österreichischen und slowenischen Autobahnen herrscht eine – häufig
kontrollierte – **Vignettenpflicht** (in Slowenien auch auf Schnellstraßen). Die
Autobahnen in Italien und Kroatien sind mautpflichtig.

Mit der Bahn oder dem Flugzeug

Die Bahn fährt nach Pula nahe der Südspitze Istriens und nach Rijeka an der
Kvarner Bucht (www.bahn.de, www.oebb.at, www.sbb.ch). Die Fahrt dauert
allerdings relativ lange und erfordert je nach Verbindung auch ein- oder
mehrmaliges Umsteigen. **Fernbusse** halten in verschiedenen kroatischen
Städte in Istrien und Kvarner (www.eurolines.de).

Mit dem **Flugzeug** geht es von vielen deutschen Städten und Zürich direkt
(www.eurowings.de, www.tuifly.com) oder (auch von Wien aus) mit Umsteigen in Zagreb (www.croatiaairlines.com) nach Pula oder Rijeka.

Reisen in der Region

Mit dem Auto

Mit dem eigenen **Auto** lassen sich Istrien und Kvarner bequem bereisen, die
meisten Straßen sind sehr gut ausgebaut. Die wichtigsten Orte (Buje, Pula,
Opatija) verbindet eine – »»Istrisches Y«« genannte – Schnellstraße.

Auf die Inseln setzen zumeist **Autofähren** der staatlichen Jadrolinija über
(www.jadrolinija.hr), einige wenige Verbindungen betreiben andere Reede-
reien (Infos bei den jeweiligen Orten). Zu Engpässen und Wartezeiten kann
es jedoch in der Hochsaison kommen; auf jeden Fall empfiehlt es sich, zeitig
am Hafen zu sein.

Mit Bahn und Bus

Wer mit öffentlichen Verkehrsmitteln reist, kann ein gut ausgebautes, dichtes **Busnetz** nutzen (www.buscroatia.com); in vielen Fällen verbinden die Linien das Festland auch direkt mit den Inselstädten.

Züge hingegen sind eher langsame Verkehrsmittel. Doch es kann durchaus reizvoll sein, mit dem Zug ein paar Stationen zu fahren, beispielsweise von Pula nach Buzet (www.hzpp.hr). In Pula besteht zudem die Möglichkeit, mit dem **Wasserflugzeug** auf die Insel Lošinj zu hüpfen, ebenso von Rijeka und Rab (www.ec-air.eu).

Autofähren und **Passagierschiffe** verbinden das Festland mit den Inseln und die Inseln zum Teil auch untereinander. Wer ohne Fahrzeug unterwegs ist, hat kein Problem, auch kurzfristig einen Platz zu ergattern (www.jadro linija.hr).

Sport & Aktivitäten

Fast das ganze Jahr über ist für Sportler etwas los: im Sommer natürlich vor allem auf und unter Wasser, im Frühjahr und Herbst Wandern und Radfahren, außerdem Golf- und Tennisspielen oder sogar Freeclimben.

Wassersport

Mit Windsurfen, Stand Up Paddling (SUP) oder Wakeboarden können Sie sich den Sommertag vertreiben, eine Schule und Ausrüstungsverleih gibt es in nahezu jedem Badeort. Als Hotspot der Windsurfer gilt die Halbinsel

Trendsport auch in Istrien: Stand Up Paddling

Kamenjak › S. 79, allerdings sollten Anfänger hier wegen der schnell wechselnden Winde besser vorsichtig sein. Eine deutschsprachige Schule mit Ausrüstungsverleih betreibt Fritz Schreiber:

Wassersport Istrien Pula [D8]
- Ližnjan
  Tel. 0049 172 8 03 43 31
  www.wassersport-istrien-pula.de

Glasklares Wasser, ein Unterwasser-Nationalpark um die Brijuni-Inseln › S. 72 und mehrere Wracks, die vor der istrischen Küste gesunken sind, machen den besonderen Reiz des nordkroatischen Tauchreviers aus. Tauchgänge darf man nur in Begleitung eines lizensierten Führers unternehmen; Exkursionen organisieren zahlreiche Tauchschulen an der Küste und auf den Inseln (www.diving.hr). Das Wrack der 1914 vor Brijuni gesunkenen Josephine betaucht beispielsweise:

Diving Center Indie [D8]
- Campingplatz Indije
  Indije 96
  52203 Banjole
  Tel. 052 57 36 58
  www.istradiving.com

Wandern und Radfahren

Leichte **Wanderungen** entlang der Küste können Sie überall unternehmen, zum Beispiel auf der Insel Lošinj › S. 133 von Mali nach Veli Lošinj mit Badepausen in den idyllischen Buchten (20 km). Ansonsten sind ausgewiesene und markierte Wanderwege eher rar – es sei denn,

Sie möchten die höchsten Berge besteigen. Etwa 3 Std. sind es von Lovran auf den 1401 m hohen Vojak › S. 106 im Učka-Massiv. Ca. 1,5 Std. steigt man von Nerezine › S. 133 bergauf bis zum Televrin (588 m), dem höchsten Gipfel des Osorśćica-Massivs auf der Insel Lošinj.

Weitaus besser ist es um die **Radwege** bestellt, v. a. Istrien macht seinem Ruf als Radparadies alle Ehre.

! Erstklassig

Die schönsten Sandstrände

- Über 1 km lang ist der Strand **Bijeca** bei **Medulin**. Sand und Kies wechseln sich ab, es geht flach ins Meer, und Kiefern spenden Schatten. › S. 81
- Im Seebad **Crikvenica** fühlen sich vor allem Eltern mit kleineren Kindern am Sandstrand **Crni Molo** wohl, da er sehr flach ins Meer abfällt. › S. 118
- Idyllisch ist der Feinkiesstrand **Dražica** rund zehn Minuten zu Fuß von der **Inselhauptstadt Krk [H6]** entfernt. Ein Kiefernwald spendet Schatten.
- Ebenfalls auf Krk bildet die **Sand-/Kiesbucht von Baška** ein geschütztes Halbrund mit Blick auf die mittelalterliche Stadtsilhouette. › S. 140
- **Paradiesstrand**, *Rajska plaža*, heißt die Bucht bei **Lopar** auf der Insel Rab: Sand und eine malerisch in der Mitte der Bucht gelegene Insel geben dem Namen recht. › S. 146

Unterwegs mit Kindern

Strand und Meer sind zwei ideale Faktoren für Urlaub mit Kindern, und mit beiden kann das nördliche Kroatien auftrumpfen. Allerdings mit einer Einschränkung: Sandburgen können Sie nur an wenigen Stränden › S. 27 bauen, stattdessen aber ganze Mini-Poollandschaften in den ausgehöhlten und ausgewaschenen Küstenfelsen. Mit Dämmen wird das Wasser aufgestaut, denn große und kleine Steine sind ausreichend vorhanden. Man kann die einzelnen Pools mittels Kanälen verbinden oder legt sie so an, dass das Meer immer wieder hineinschwappen kann. Bewohner für dieses Biotop sind mit dem Käscher schnell gefunden – Krebse, Fischchen, ein paar Wasserpflanzen –, bei einem solchen Projekt vergeht der Urlaubstag im Nu, und die ganze Familie baut mit. Einzige Vorsichtsmaßnahme: Auf ausreichend Sonnenschutz achten und Badeschuhe anziehen, denn die Felsen können recht scharfkantig sein und im Wasser lauern Seeigel.

Sport ...

Die meisten größeren Hotels bieten regelmäßig Sportkurse auch für kleinere Gäste an ... sie können Schnuppertauchen, Windsurfen, auf MTB-Trails fahren oder Segeln lernen. Die auf Kinder- und Jugendkurse spezialisierte Windsurf-, SUP- sowie Katamaranschule **Sunbird** › S. 137 unterhält der Deutsche Elmar Vogel auf der Insel Lošinj. Tauchkurse für Kinder ab zehn Jahren gibt es bei **Starfish Diving** nahe Vrsar und bereits ab acht Jahren können Kinder bei **Dive Loft** › S. 144

in Vrbnik auf der Insel Krk einen Schnuppertauchkurs machen.

- **Starfish Diving** [B5]
  Camping Porto Sole | 52450 Vrsar
  Tel. 098 33 48 16 | www.starfish.hr
  Ganzjährig geöffnet

… und Action

An vielen Hotelstränden, die mittels Liegewiesen, Beton- oder Holzplattformen häufig bequem gestaltet sind, finden Kinder Spielplätze zum Toben und meist auch einen Mini-Klub, in dem sie das Personal stundenweise betreut. Als kindgerechte Ausflugsziele eignen sich **Wasserparks,** z. B. in der Nähe von Poreč oder auf der Insel Lošinj › S. 133, und der **Dinopark** bei Funtana. Abenteuerlich ist die Begehung einer Tropfsteinhöhle wie etwa der istrischen Höhle **Baredine** › S. 65 oder der Höhle **Biserujka** › S. 141 auf der Insel Krk. Wer seine Balance und Schwindelfreiheit testen möchte, besucht mit den Kids den Hochseilpark **Glavani** bei Barban.

- **Aquacolors** [B4]
  Molindrio 18 | 52440 Poreč
  Tel. 052 21 96 71
  www.aquacolors.eu
  Mai, Juni, Sept. tgl. 10–18, Juli/Aug. tgl. bis 19 Uhr, Kinder bis 14 Jahre ab 100 Kn, Erw. ab 135 Kn, auch Familientickets
- **Dinopark** [B5]
  Istarska 16 | 52452 Funtana
  Tel. 091 7 66 88 88 | http://dinopark.hr
  April, Mai, Okt., Sa/So, Mitte Mai bis Ende Sept. tgl. 9–20 Uhr, Kinder 120 Kn, Erw. 140 Kn
- **Glavani Park** [E6]
  Glavani 10 | 52207 Barban

Tel. 091 8 96 45 25
www.glavanipark.com
Tgl. 9–20 Uhr, Kinder unter 10 Jahren ab 50 Kn, Erw. ab 100 Kn

Dinosaurier und Römer

Künstliche Dinos schön und gut, auf der Halbinsel Kamenjak aber tobten vor Jahrmillionen echte **Urzeitechsen** im Schlamm und hinterließen dreizehige Fußspuren im (heute zu Fels versteinerten) Boden – eine kleine Wanderung führt zu diesen faszinierenden Relikten aus der Urzeit. Nicht ganz so alt, dafür aber bestens erhalten, ist das **Amphitheater** von Pula › S. 75, in dem kleine wie große Kinder eine gute Vorstellung davon bekommen, wie es mit Brot und Spielen bestellt war im römischen Reich.

- **Dinosaurierpfad** [D8]
  Kap Kamenjak
  www.kamenjak.hr
  Beginn an der westlichen Zufahrt, Länge bis zum Strand mit den Spuren ca. 600 m

Badefreuden mit der großen Schwester …

Luxuriöses Hotel oder lauschiger Platz am Meer: Istrien bietet für jeden etwas

Eine Vielzahl der Routen ist detailliert auf www.istra-bike.com beschrieben, inklusive Downloads. Angesprochen sind Freizeit- und Rennradler ebenso wie Tourenfahrer und Mountainbike-Freaks. Klassiker der Istrien-Strecken ist die Parenzana › S. 98, die auf der ehemaligen Strecke einer Schmalspurbahn von Triest und durch Slowenisch-Istrien bis nach Poreč verläuft und dabei mehrere Viadukte und Tunnels passiert.

Radfahren, Inselhüpfen und Besichtigungen verbinden die einwöchigen Rad- und Schiffsreisen, wie sie beispielsweise der Veranstalter I.D. Riva im Programm hat (www. kroatien-idriva.de). Man benötigt allerdings einiges an Kondition und Training, um die rund 250 km Fahrradstrecken auf den Kvarner Inseln zu bewältigen.

Konzentration und Adrenalin

In Sachen **Golf** sind Istrien und die Kvarner Bucht noch Entwicklungsland: Gerade einmal zwei Greens stehen Freunden des Grünen Sports zur Verfügung: die schöne, wenngleich etwas in die Jahre gekommene 18-Loch-Anlage auf der Insel Veli Brijun › S. 73 (www.brijuni.hr) und Golf Adriatic, ein topmoderner 18-Loch-Platz bei Savudrija › S. 56 ganz im Norden der Halbinsel (www. golf-adriatic.com).

Wer gerne senkrechte Wände hochgeht, hängt sich beispielsweise am **Klettergebiet** Zlatni rt › S. 68 bei Rovinj in die Felsen eines ehemaligen venezianischen Steinbruchs oder klettert unweit der mittelalterlichen Ruine von Dvigrad › S. 70. Klettergebiete beschreibt ausführlich das Internetportal www. climbistria.com.

Unterkunft

Ganz gleich, ob komfortables Strandhotel, gemütliche Privatpension, FKK-Camping oder malerisches Ferienhaus – das Unterkunftsangebot ist umfassend. In der Hauptsaison sollte man trotzdem zeitig reservieren.

Istrien und die Kvarner Bucht sind kein preiswertes Urlaubsziel. Die nach neuesten technischen Erkenntnissen sanierten Hotels verlangen dem Standard entsprechende Preise. In der Hochsaison Juli/August kommen kräftige Preisaufschläge hinzu. Es empfiehlt sich, nach **Pauschalangeboten** Ausschau zu halten, wenn man länger an einem Ort bleibt. Preiswerter sind **Ferienwohnungen und -häuser,** solange man sich nicht auf die luxuriösen, zwischen Oliven und Steineichen gelegenen Landhäuser kapriziert. Die allerdings vermitteln das perfekte »Istrien-Feeling«.

Schon immer ist die Region auch ein beliebtes **Campingziel,** und viele Campingplätze gleichen mittlerweile Kleinstädten mit Einkaufsmöglichkeiten, Restaurants, Aquaparks, Poollandschaften und vielfältigem Freizeitangebot. Da Kroatien aus Tradition auch ein beliebtes Nudistenziel ist, gibt es mehrere reine FKK-Campingplätze.

In den Städten werden, als günstige Übernachtungsalternative, immer mehr **Hostels** eröffnet. Adressen findet man beispielsweise auf www.hostelworld.com.

Unterkunftsadressen gibt es auf den Webseiten der jeweiligen Ferienorte. Ferienwohnungen und Ferienhäuser vermittelt auch I.D. Riva (www.idriva.de); istrische Landhäuser und besondere, ausgesuchte Hotels können Sie bei Istrien Pur (www.istrien-pur.com) buchen.

Besondere Hotels

- **Villa Rosetta**, ein geschmackvoll eingerichtetes und familiäres Haus, liegt an einem Naturstrand im ruhigen Zambratija. › S. 56
- Novigrads **Rivalmare Boutique Hotel** passt zu der als Gourmet-Mekka bekannten Stadt: individuell, luxuriös und ungemein stylish! › S. 60
- Das **Monte Mulini** in Rovinj steht für sorgenfreien Luxusurlaub mit Strand, großem Sportangebot, hippen Zimmern und einem Sternekoch. › S. 68
- Nostalgie pur im sehr hübschen Fischerort Fažana verspricht die romantische **Villetta Phasiana.** › S. 73
- Wer im **Bevanda** in Opatija nächtigt, erlebt in diesem oft kitschigen Seebad kühles, postmodernes Design, feine Küche und das Meer vor der Tür. › S. 111
- Ein bißchen k. u. k. muss sein: Das **Kvarner Palace** in Crikvenica feiert die gute alte Zeit in jedem Detail. › S. 118

Mittelalterfest in Svetvinčenat vor dem mächtigen Kastell Morosini-Grimani

LAND &
LEUTE

Steckbrief

- **Fläche:** Kroatisch-Istrien: 2813 km², Kvarner Bucht mit Inseln: 3588 km²
- **Bevölkerung:** Istrien: 185 000 Einw., Kvarner Bucht: 296 000 Einw.
- **Sprache:** Istrien: Kroatisch 72 %, Italienisch 7 %, Istrianisch 4,3 %; Kvarner Bucht: Kroatisch 85 %, Italienisch 1,2 %
- **Arbeitslosenquote:** Istrien 3,6 %, Kvarner Bucht 5,2 %
- **Hauptorte:** Istrien: Pazin (4400 Ew.); Kvarner Bucht: Rijeka (128 000 Ew.)
- **Höchste Erhebung:** Istrien: Vojak im Učka-Massiv 1401 m; Kvarner

Bucht: Bjelolasica im Gorski kotar (1534 m)
- **Währung:** Kroatische Kuna (Abkürzung Kn bzw. HRK)
- **Landesvorwahl:** 00385
- **Zeitzone:** MEZ

Lage

Istrien und der Kvarner Golf bilden den nordwestlichen, an die Adria grenzenden Teil Kroatiens; ein schmaler Streifen Istriens gehört zum nördlichen Nachbar Slowenien. Während der istrischen Küste, abgesehen vom Brijuni-Archipel, keine Inseln vorgelagert sind, reihen sich im Kvarner die Eilande Cres, Lošinj, Krk und Rab aneinander.

Politik und Verwaltung

Kroatien ist verwaltungsmäßig in 21 Gespanschaften, *županije,* aufgeteilt. Istrien bildet die Gespanschaft Istra, die Kvarner Bucht gehört zur Gespanschaft Primorje/Gorski kotar; der südlichste Küstenstreifen um Senj steht unter Verwaltung der Gespanschaft Lika-Senj. Die Zusammensetzung der Gespanschaftsversammlung wird in freien Wahlen bestimmt; diese wiederum wählt den Gespan, *župan,* den der Staatspräsident im Amt bestätigt. Die *županije* haben weitgehende Autonomie in regionalen Belangen. Oberhaupt Istriens ist Valter Flego von der linksliberalen IDS (Istrische Demokratische Versammlung), die besonders istrische Interessen vertritt. In Primorje/Gorski kotar regiert Zlatko Komadina von der SDP, der sozialdemokratischen Partei Kroatiens. Beide stehen folglich politisch in Opposition zur national-konservativen Regierung in Zagreb.

Wirtschaft

Dienstleistung, Tourismus sowie Landwirtschaft sind die wichtigsten Standbeine; Industrie spielt kaum eine Rolle, und die früher wichtigen Häfen und Werften in Pula und Rijeka verlieren weiter an Bedeutung. Dennoch ist die Wirtschaftsleistung enorm: Istrien trägt mit 6 % zum Gesamt-BIP Kroatiens bei und erwirtschaftet pro Kopf ein um 26 % höheres BIP als der kroatische Durchschnitt. Ähnlich sehen die Zahlen in Primorje/Gorski kotar aus: Mit 3,57 Mio. Feriengästen 2015 schlägt Istrien alle anderen kroatischen Regionen, den Kvarner besuchten 2,4 Mio. Menschen.

Minderheiten und Sprache

Istrien wie auch die Kvarner Bucht gehörten in ihrer wechselvollen Geschichte zu Venedig, zur Donaumonarchie und kurzzeitig auch zu Napoleons Illyrischer Provinz; italienische und austroungarische Einflüsse sind vielerorts spürbar; das Italienische hat sich als zweite Verkehrssprache etabliert.

In Istrien lebt zudem eine ansehnliche italienische Gemeinde, die allerdings nur den kläglichen Rest der ursprünglichen romanischen Bevölkerung darstellt. Nach dem Ersten Weltkrieg wurde das vornehmlich von Italienern bewohnte Istrien der italienischen Provinz Julisch Venetien zugeschlagen und gegen Ende des Zweiten Weltkriegs von jugoslawischen Partisanen zurückerobert. Auf beiden Seiten kam es zu Vertreibungen und Morden, und schließlich hatten 90 % der ursprünglich in Istrien lebenden Italiener ihre Heimat verlassen. Sowohl in Jugoslawien als auch heute in Kroatien und Slowenien genossen und genießen die ca. 15 000 Italiener Minderheitenrechte. Ortsschilder und Straßennamen sind zweisprachig.

Auf rund 1000 bis 1500 Personen wird die Gemeinde der Istrorumänen (Tschitschen) geschätzt. Sie sind Nachkommen von im Mittelalter eingewanderten Volksgruppen und sprechen eine protorumänische Sprache. Der Gebirgszug Ćićarija ist nach ihnen benannt.

Vor allem ältere Istrier bedienen sich eines ans Venezianische angelehnten Dialekts, des Istrioto (Istrianisch). Er ist mit slawischen (kroatischen) Lehnworten durchsetzt.

Religion

Nach den religionsfeindlichen Jahren des sozialistischen Jugoslawien sind die Kroaten mit fliegenden Fahnen zum Katholizismus zurückgekehrt. Besonders der Marienverehrung kommt eine herausragende Rolle zu; Patronatstage von Heiligen begehen die Einheimischen mit Prozessionen und feuchtfröhlichen Volksfesten. Eine zunehmend wichtige Rolle spielt die altkroatische Kirchenschrift Glagolica, die Slawenapostel Kyrill im 9. Jh. zur Transkription der slawischen Sprachen für die Kirchentexte entwickelte und die nun nicht nur in den Klöstern, sondern auch im künstlerischen Bereich gepflegt wird. Sie gilt als nationales Symbol Kroatiens.

Geschichte im Überblick

Um 12 000 v. Chr. Steinzeitliche Funde in Höhlen Istriens und des Kvarner, beispielsweise in der Romualdo-Höhle am Limski kanal.

Um 6000 v. Chr. Jungsteinzeitliche und bronzezeitliche Siedlungsspuren auf den Kvarner Inseln.

Ab dem 4. Jh. v. Chr. Griechische Handelsfahrer erreichen die Kvarner Bucht und Istrien. An der Küste siedeln Liburner, die Halbinsel wird vom Volk der Histrer bewohnt.

221 v. Chr. Erster römischer Vorstoß gegen die Histrer.

178 v. Chr. Vollständige Eroberung Istriens.

1. Jh. v. Chr. Rom erobert auch die Kvarner Bucht und die vorgelagerten Inseln.

58 v. Chr. Julius Caesar lässt die Region systematisch kolonisieren.

1. Jh. n. Chr. Bau des Amphitheaters in Pula.

476 Ende des Weströmischen Reichs; Istrien und Kvarner gehören zu Byzanz.

543–554 Bau der Euphrasius-Basilika in Poreč.

7./8. Jh. Zuwanderung slawischstämmiger Völker; die Langobarden unterwerfen Istrien.

812 Istrien fällt an das Frankenreich, das seine Autorität aber nur punktuell auf den Kvarner ausdehnen kann, in dem mehrere kroatische Fürstentümer existieren.

1001 Venedig erobert Krk.

1267 Istriens Küste wird venezianisch, während das Binnenland weiterhin zum Heiligen Römischen Reich und ab dem 14. Jh. zum Habsburger Reich gehört.

11.–15. Jh. Im Kvarner wechseln sich venezianische und kroatische Herrschaft ab; die Küstenlinie ist Teil des kroatischen Königreichs. Ab dem 15. Jh. ist Venedig siegreich.

1465 Rijeka wird habsburgisch.

1797 Das Habsburger Reich übernimmt nach dem Ende der Republik Venedig auch deren Gebiete in Istrien und im Kvarner.

1806 Napoleon erobert Istrien und Kvarner, die als Illyrische Provinzen bis 1813 zu Frankreich gehören.

1814–1918 Istrien und Kvarner sind Teil der austroungarischen Monarchie; die Kvarner Bucht heißt Littorale.

1918 Entgegen starker Unabhängigkeitsbestrebungen in Istrien erhält Italien die Halbinsel nach dem Ersten Weltkrieg zugesprochen. Der Kvarner geht nach kurzer italienischer Besatzung als Teil Kroatiens im Königreich Jugoslawien auf.

1945 Nach dem Zweiten Weltkrieg gelangt Istrien an Kroatien (ein kleiner Teil auch an Slowenien) und gehört nun zur Sozialistischen Volksrepublik Jugoslawien.

1991 Kroatien und Slowenien erklären sich für unabhängig.

1995 Der Friede von Dayton beendet den seit 1991 bestehenden militärischen Konflikt zwischen Kroatien und Serbien.

2004 Slowenien tritt der EU bei.

2013 Kroatien tritt der EU bei.
2015 Die Unabhängigkeit Kroatiens und Sloweniens löste einen Streit über den Grenzverlauf im Bereich der Bucht von Piran aus, der bis heute nicht beendet ist – ein Verfahren vor dem Europäischen Schiedsgericht in Den Haag scheitert 2015.
2016 Nach den Parlamentswahlen bildet sich in Kroatien eine nationalkonservative Regierung der Parteien HDZ und MOST unter Tihomir Orešković.

Natur & Umwelt

Kalkstein und die Verwitterungsformen des Karstes prägen Natur und Landschaftsbild. Das gebirgige Istrien ist relativ dicht besiedelt und in weiten Teilen herrscht intensive Landwirtschaft vor.

Doch haben sich Biotope erhalten wie der Wald von Motovun, in dem Hunde kostbare Trüffel aufspüren. Wein und Oliven sind die wichtigsten Kulturpflanzen; Zypressen, Schirmpinien und Palmen verleihen, zusammen mit blühendem Hibiskus und Mimosen, den Küsten ein mediterranes Bild, während im Inneren der Halbinsel knorrige Eichen, Kastanien und Linden Schatten spenden.

   Drei besondere Nutztierrassen werden in Istrien gezüchtet: die istrische Ziege, der istrische Esel und das *boškarin,* ein helles Rind mit langen Hör-

Die istrische Rinderrasse *boškarin* war Mitte des 20. Jhs. fast ausgestorben

nern, das früher seinen Dienst als Zug- und Lasttier versah. Heute ist es wegen seines besonders aromatisch schmeckenden Fleisches geschätzt.

An der geschützten und deshalb klimatisch milden **Kvarner Küstenlinie** entfaltet sich subtropische Vegetation. Lorbeer, der dem Städtchen Lovran seinen Namen verliehen hat, und Esskastanien gedeihen besonders üppig. Im Bergland des **Gorski kotar,** das teils unter Naturschutz steht, wurzeln Buchen- und Tannenwälder in der Humusschicht, die Kalk- und Dolomitgestein bedeckt. Trotz der südlichen Lage und der Nähe zum Meer kann es im Winter ergiebig schneien. Neben Rot- und Niederwild durchstreifen auch Bären, Lüchse und Wölfe die Region.

Sehr kontrastreich sind Natur und Landschaftsbild der **Kvarner Inseln.** Cres zeigt sich von einer herben, sehr kargen Seite; Kalkgestein bedeckt die an sich fruchtbaren Böden. Um Landwirtschaftsfläche zu gewinnen, müssen es die Bauern aufklauben und zu Steinmauern stapeln, die das Eiland wie ein graues Spinnennetz überziehen. Schafzucht, Oliven und Fischerei sind die traditionellen Standbeine der Inselwirtschaft.

Lošinj südlich davon trägt ein üppig grünes Kleid, das es Wiederaufforstungsmaßnahmen verdankt, die bereits Ende des 19. Jhs. einsetzten.

Die Kvarner Insel Krk zeigt nach Osten völlig kahl geschliffenen Fels, während im Inselinneren Oliven- und Weinkulturen eine fast liebliche Landschaft prägen.

Auch Rab präsentiert der Küste eine Mondlandschaft aus kargem Gestein, jenseits derer sich üppige Fruchtbarkeit verbirgt. Landwirtschaft, Fischerei und Seefahrt haben seit Jahrtausenden die Menschen ernährt; heute steht der Tourismus als Einkommensquelle im Vordergrund.

Symboltiere der Inseln sind Delfine und Gänsegeier – beide vom Aussterben bedroht. Durch das Engagement von Naturschützern sind die Bestände aber auf dem Weg, sich wieder zu stabilisieren.

Kunst & Kultur

Das Erbe von Rom und Byzanz

Trotz der langen römischen Herrschaft sind antike Zeugnisse rar, dafür aber umso spektakulärer: Das Amphitheater in Pula, die beiden erhaltenen Triumphbögen, Fußbodenmosaike und der Augustustempel entwerfen das Bild einer blühenden römischen Metropole.

Auch auf der Insel Veli Brijun ließen es sich die Römer gut gehen, wie die Fundamente einer *villa rustica,* eines Landsitzes, belegen. In Rijeka verbirgt sich das Tor des einstigen Legionslagers im Herzen der Altstadt. Byzanz hat Istrien eine Basilika hinterlassen, die den Status eines Weltkulturerbes besitzt: St. Euphemia in Poreč.

Mosaikboden im Archäologischen Museum von Pula

Altkroatische Kultur und Venedig

Die geschwungene, an das Kyrillische erinnernde Glagolica ist das allgegen-
wärtige Symbol der eingewanderten Kroaten und ihrer ersten Könige. Ein
einzigartiges Zeugnis der Glagolica auf Krk ist die »Tafel von Baška« vom
Beginn des 12. Jhs. Neben religiösen Texten dokumentiert sie die Herrschaft
eines kroatischen Königs über die Insel. Da die kroatischen Fürsten auf den
Inseln stets mit Venedig konkurrierten, sind altkroatische und venezianische Architektur häufig miteinander verschmolzen.

Die Serenissima hat die von ihr gehaltenen Hafenstädte nach dem Vorbild der Mutterstadt ausgestattet: Mit Campanile, Loggia und dem vom
Markuslöwen bekrönten Rektorenpalast oder Stadttor. Venezianische Gotik
prägt die meisten Küstenorte Istriens und der Kvarner Bucht. In den ländlichen Kirchen Istriens entwickelte sich um das 15./16. Jh. Freskenmalerei,
die christliche Themen mit dem bäuerlichen Alltag verbindet. Spektakulär
sind zwei Totentanz-Szenen: Die eine in der Kirche Sv. Marija na Škriljinah
bei Beram › **S. 92,** die andere in Sv. Trojica beim Dorf Hrastovlje im slowenischen Teil Istriens › **S. 59.**

Habsburger Barock und k. u. k. Gelb

Mit der Habsburger Dominanz hielt mitteleuropäische Architektur, besonders der Barock, Einzug – in Rijeka ist er an vielen Bauten bestens erhalten.
Im 19. Jh. erhielten auch Städte wie Pula oder Poreč einen austroungarischen Stempel. Vor allem aber prägt die verspielte Architektur des ausge-
henden 19. und beginnenden 20. Jhs die Bade- und Kurorte an der Kvarner
Küste, in Lovran, Opatija und Crikvenica.

Sozialismus und Neuzeit

Die jugoslawische Ära forcierte die Modernisierung der konservativ-ländlichen Region; in Istrien und auf den Inseln entstand Industrie (Thermokraftwerk bei Plomin, Ölraffinerie bei Omišalj/Insel Krk). Vor allem aber baute man moderne Hotels, meist mit wenig Sinn für landschaftliche Gegebenheiten. Nach der Unabhängigkeit Sloweniens und Kroatiens war es eine große Herausforderung, diese überdimensionalen Anlagen umweltverträglich und nach ästhetischen Gesichtspunkten umzugestalten. Einige Projekte wie den monströsen Apartment- und Hotelkomplex Haludovo auf der Insel Krk erobert die Natur nach und nach zurück.

Literatur und Brauchtum

Unter den Schriftstellern ist der italienischstämmige **Fulvio Tomizza** (1935 bis 1999) aus einem Örtchen in der Nähe von Umag die wohl bekannteste literarische Stimme Istriens. Im Roman »Materada« verewigte er sein heimatliches Dorf. Doch außer in Rijeka und Pula hat sich in der bäuerlich geprägten Region kaum städtische Kultur entwickelt. Ländliches Brauchtum prägt den Alltag mit Kirchenfeiern und landwirtschaftlichen Festen. Auch ein originäres Kunsthandwerk gibt es nicht, dafür einen großen Reichtum an Naturprodukten wie hervorragende Weine, Trüffel, Olivenöle, Lavendel, Meersalz, Käse und Schinken.

Feste & Veranstaltungen

Neben den traditionellen Festen organisieren die Gemeinden von Jahr zu Jahr immer neue Festivals und Veranstaltungen wie Marathonläufe oder Spezialitätenmärkte vornehmlich zur Unterhaltung der Feriengäste.

Infos dazu finden sich auf den Webseiten der jeweiligen Fremdenverkehrsverbände. Traditionelles Brauchtum und die Erinnerung an historische Ereignisse pflegen die Kroaten in teils sehr malerischen Veranstaltungen; viele konnten sie erst nach der Unabhängigkeit wieder aufnehmen. Bei jedem Fest gibt es Musik, Essen und Wein.

Festkalender

Februar: Ausgedehntes Karnevalsprogramm in Rijeka, eine der Karnevalhochburgen der Region (www.rijeckikarneval.hr)

Mai: Am 2. Maiwochenende kommen Harmonikaspieler aus Kroatien und den Nachbarländern zu einem Treffen nach Roč zum *Z armoniku v Roč* mit Konzerten sowie Workshops.

Juni: Die **Patronatstage** der jeweiligen Stadtheiligen begehen die Menschen mit Prozessionen, häufig schließen ein

Die zotteligen *zvončari* sind die Glockenträger des Karnevals in Rijeka

Markt, Tanz und Musik an. In Rijeka widmet man dem Hl. Vitus am 15. Juni ein großes Stadtfest. Am 16. Juni erinnert Šilo auf Krk mit Prozession und Messe an eine Pestepidemie, von der der hl. Rochus (Sv. Rok) die Stadt befreite. Am zweiten Samstag im Juni wählt Hum, die angeblich kleinste Stadt der Welt, ihren Bürgermeister mit einer sehr ungewöhnlichen Methode: Beim **Dan Huma** gewinnt, wer die meisten Kerben in seinem Kerbholz hat.

Juli: Auf dem Ochsenmarkt **Jakovlja** in Kanfanar am letzten Julisamstag präsentieren die Viehzüchter auch die istrischen Boškarin-Rinder.

Juli–August: Kunstfestival **Labin Art Republic** in Labin (www.labin-art-republika.com).

August: Am letzten Augustwochenende in Barban wetteifern als Ritter verkleidete Reiter beim **Trka na prstenac** darin, mit dem Speer einen Ring zu treffen. Viehmarkt **Bartulja** am letzten

Karneval

Vor allem in den Städten an der Kvarner Küste ist der Karneval ein leidenschaftlicher Höhepunkt: In Rijeka treten beispielsweise die *zvončari* auf, zottelige Gesellen mit Hörnern und Kuhglocken, die gerne hübsche Mädchen erschrecken. Im nahen Kastav tragen die Männer Riesenhüte aus bunten Papierschlangen. Auf der Insel Krk sind *babine* und *škrabani* unterwegs, ganz hässliche, furchterregende Masken. Beim Mesopust in Novi Vinodolski kündigen an den drei Sonntagen vor Aschermittwoch feuchtfröhlich durch die Straßen paradierende »Hochzeitslader« Eheschließungen von alten Witwen und Witwern an. Hier gibt es Karneval übrigens zweimal im Jahr, denn die Leute maskieren sich noch einmal zum »Sommerkarneval« im Juli.

Augustwochenende in Žminj. Mittelalterfest **Rabska fjera** am letzten
Augustwochenende in Rab-Stadt mit
Markt, historischem Schauspiel und
Musik. Armbrustschützen verteidigen
die Stadt gegen Angreifer, als Erinnerung an einen legendären Sieg im
14. Jh. (Infos und Programm unter
www.rab-visit.com).

Ende August/Anfang September:
Die beiden größten Musikfestivals Istriens, **Dimensions** und **Outlook**, finden
bei Pula statt (www.dimensionsfestival.
com, www.outlookfestival.com).

September: Die **Schutzpatronin**
St. Eufemia feiert Rovinj am 16. September mit einem großen Fest auf dem
Hauptplatz; traditionell gibt es dabei
Hammel mit Sauerkraut und danach die
süßen istrischen *fritule,* eine Art Krap-
fen, die mit den venezianischen *fritelle*
verwandt sind.

Oktober: Am ersten Sonntag und
Montag wird in Kastav im Rahmen der
Bijela nedelja der junge Wein gefeiert.

**November: Dani Mladog Maslino-
vog Ulja,** die Tage des Olivenöls in
Vodnjan (http://dmmu.info).

Essen & Trinken

**Willkommen im Gourmethimmel! Wer sich noch an die »Genüsse« der
sozialistisch-jugoslawischen Küche erinnert, die früher in erster Linie aus
Grillfleisch in diversen Zubereitungsarten bestanden, wird die kroatische
Küche nicht wiedererkennen.**

Die Unabhängigkeit Kroatiens ging einher mit der Rückbesinnung auf die
hohe Qualität der Naturprodukte, die Böden und Meer des Landes in Fülle
bereithalten. Das Ergebnis kann sich sehen und schmecken lassen: erstklas-
siges Olivenöl, Spitzenweine, intensive Trüffel, süße Scampi, aromatisches
Lamm … nicht ohne Grund wählten die Tester des renommierten italienischen Olivenölführers »Flos Olei« Istrien mit zur besten Olivenöldestina-
tion der Welt.

SEITENBLICK

Brudetijada
Ungezählte Feste und Festivals sind den Spezialitäten der jeweiligen Region ge-
widmet. Ob wilder Spargel, Vrbnik-Wein, Olivenöl, Sardinen, Esskastanien, Trüf-
fel – so gut wie jeder Ort findet ein Produkt und einen Anlass zum Feiern und
Besucher mit Köstlichkeiten zu bewirten. Noch ein Geheimtipp ist die im Mai
stattfindende *Brudetijada* im Städtchen Cres › **S. 129.** Da kochen Hausfrauen und
Profiköche um die Wette, wer den besten Fischeintopf, *brudet,* zustandebringt.
Auf die Prämierung folgt die Verkostung. Infos beim Tourismusverband der Stadt
Cres (www.tzg-cres.hr).

Lignje na žaru: gegrillter Tintenfisch

Zum Einstieg

Am typischsten ist die **Vorspeisen-platte** mit rohem Schinken, *pršut,* Salami, Oliven und Käse. Manchmal steht auch eine Fischvorspeise mit gegrilltem Tintenfisch oder Scampi auf der Speisekarte, die etwas teurere Vorspeisenvariante. Je nach Jahreszeit sollte man auch die frisch aus dem Meer geholten **Muscheln** probieren, meistens werden sie *buzara,* in einem würzigen Tomatensud, serviert. Ganz gleich, was man wählt: etwas Weißbrot dazu, mehr braucht es nicht.

Nudeln sind auch in Istrien und der Kvarner Bucht als *primo,* als Beilage oder als kleines Hauptgericht beliebt. Charakteristisch für die Region sind die hausgemachten *šurlice,* Schupfnudeln, die bestens mit Steinpilzsauce oder (Wild-) Gulasch harmonieren. In vielen Varianten wird die *fritaja* zubereitet – im Prinzip ein Rührei, das sich zum Beispiel mit Speck und wildem Spargel oder ganz puristisch zur schwarzen Trüffel in einen Hochgenuss verwandelt.

❗ Erst-klassig

Die besten Restaurants

- Über das **Pergola** in Zambratija spricht ganz Istrien. Unscheinbar, mitten im Ort, zaubert ein junger Wilder Meisterliches. › S. 56
- Fingerfood und kroatische Kleinigkeiten sind Spezialität im **Male Madlene** in Rovinj – einem kleinen Wohnzimmer mit der *mamma* am Herd. › S. 69
- Ob es die Atmosphäre ist, der Blick über die Küste oder die einfache, dabei raffinierte Küche – dem **Tu Tamo** in Mošćenice verfällt jeder. › S. 106
- Der Koch liebt Kräuter: Die **Vagabundina koliba** bei Novi Vinodolski macht sogar Brennnesseln zu einem wahren Genusserlebnis. › S. 120
- Stara Baška auf Krk liegt nur scheinbar am Ende der Welt, denn in das Restaurant **Besca Vecchia** pilgern Gourmets von weither. › S. 142

Marktstände in Cres-Stadt in der im 16. Jh. erbauten Loggia

Kvarner Scampi

Es heißt, sie seien die besten der Welt: Die Scampi aus dem Kvarner Golf leben unter besonderen Bedingungen, denn im Meer entspringen zahlreiche Süßwasserquellen, die mit dafür verantwortlich sein sollen, dass das hellrosa Fleisch der Krustentiere nicht salzig, sondern leicht süßlich schmeckt. Warum ihr Panzer viel dünner ist als bei anderswo lebender Artgenossen, lässt sich nicht erklären. Aber wegen dieser empfindlichen Außenhülle werden die Scampi mit schonenden Fangmethoden, z. B. mit Reusen, aus dem Meer geholt. Gourmets schwören darauf, diese Delikatesse nur in feinstem Olivenöl und Zitronensaft mariniert roh zu verspeisen.

Traditionell oder doch lieber modern?

So unterschiedlich sind die beiden Kochphilosophien gar nicht. Sowohl die Hausfrau wie der Haubenkoch setzen in Istrien und Kvarner auf frische regionale Zutaten (am besten aus dem eigenen Garten) und auf das Vertrauen, das sie ihren Lieferanten (Fischer, Metzger) entgegenbringen. Nach wie vor legt man **Fisch** und **Fleisch** gerne auf den Grill, fein gewürzt mit Kräutern, vor dem Servieren mit einem Schuss besten Olivenöls geadelt und begleitet von knackigem Salat oder zart gedünstetem Gemüse wie Mangold. Beliebt sind Rind, Lamm, Dorade, Wolfsbarsch oder Tintenfisch. Im Trend liegen **kroatische Sashimi**, Fisch und Meeresfrüchte in kostbarem Olivenöl und Kräutern mariniert und roh serviert. Der besondere Geschmack der Kvarner Scampi kommt so wunderbar zur Geltung. Vorreiter und Meister des Rohfisch-Fachs sind Damir und Ornella Beletić vom gleichnamigen Restaurant in Novigrad (www.damirornella.com).

Auch die althergebrachte Zubereitung von Lamm, Fisch oder Meeresfrüchten unter der **Peka,** also in einer schweren, in die Herdglut geschobenen Eisenpfanne mit Glockenhaube, haben junge »wilde« Köche aufgenommen und modernisiert. Man sollte ein Peka-Gericht aber wenigstens einmal ganz traditionell verkosten.

Süßes zum Schluss

Bei den Nachspeisen geht kroatischen Köchen ein wenig die Kreativität aus; *palačinke,* Pfannkuchen, oder Eis ist oft das Einzige, was als Nachspeise serviert wird. Aber auch ein einfaches Dessert kann glänzen: In der Konoba Trs auf der Insel Cres (Krčina 101, 51557 Cres, Tel. 051 57 12 91, Okt.–März geschl., €€) kommen die Pfannkuchen mit Salbei-Honig und Nüssen gefüllt auf den Tisch – sehr lecker!

Getränke

Mineralwasser mit und ohne Kohlensäure sprudelt aus mehreren kroatischen Mineralquellen. **Bier** gärt in den Kesseln der großen Brauereien Ožujsko und Karlovačko.

Bei **Wein** sollten Sie sich auf die Empfehlung Ihres Restaurants verlassen: Refošk und Teran sind die beiden autochthonen Roten, der Weißwein Istriens heißt Malvazija Istarska. Die Winzer um Vrbnik auf der Insel Krk keltern einen ganz besonders frischen Weißwein, den Vrbniška žlahtina.

Berühmte Weingüter in der Region sind beispielsweise Meneghetti, Franz Arman, Kozlović, Katunar und Nada.

**! Erst-
klassig**

Die malerischsten Märkte

- Die größte Auswahl an Fisch und Meeresfrüchten präsentiert die **Fischhalle** des Markts von **Pula** im Stadtzentrum. Hier gilt: Der frühe Vogel fängt den Wurm.
  › S. 77
- Der **Markt** in **Pazin** zählt zu den untouristischsten und vorrangig von Einheimischen besuchten Märkten Istriens: jeden 1. Dienstag im Monat von ca. 8–13 Uhr.
  › S. 92
- Bei einem Besuch in **Rijekas Markthallen** breiten sich die Genüsse Istriens und der Kvarner Bucht vor Ihnen aus – ein Erlebnis für alle Sinne! › S. 115
- In **Cres-Stadt** nutzen die Bauern die ehemalige **Loggia** als sonnengeschützten und gut durchlüfteten Marktplatz – sehr malerisch (wochentags am Vormittag ab 8 Uhr). › S. 129
- Zum **Wochenmarkt** am Freitag in **Krk-Stadt [H6]** kommen zahlreiche lokale Erzeuger, die Olivenöl, Käse, Obst und Gemüse verkaufen. Auch hier ist es vormittags am lebhaftesten.

Blick auf das im 1. Jh. erbaute
römische Amphitheater von Pula

TOP-TOUREN
& SEHENS-
WERTES

WESTKÜSTE & HINTERLAND

Kleine Inspiration

- **Entspannen und das Panorama Istriens genießen** in Grožnjans angesagter Kaya-Bar › S. 62
- **Auf Entdeckungstour gehen** zwischen Kunst und Kitsch in Rovinjs Grisia-Gasse › S. 68
- **Verborgenes suchen** und Pulas römisches Mosaik »Bestrafung der Dirke« finden › S. 75
- **Istrien schmecken** bei der Verkostung des edlen Olivenöls von Meloto in Vodnjan › S. 79

Malerische Städtchen, römische und venezianische Geschichte, Badefreuden, kulinarische Genüsse und eine Vielzahl von Aktivitäten erwarten den Feriengast.

Wie Perlen auf einer Kette reihen sich die Hafenstädtchen aneinander, die meisten auf Landzungen gegründet und um den Kirchturm, *campanile*, in der Ortsmitte geschart. Großzügige, moderne Ferienanlagen rahmen Umag, Poreč, Rovinj und Vrsar ein und lassen jeden Urlauberwunsch wahr werden. Über das Hinterland wachen gut befestigte Bergsiedlungen auf steilen Hügeln. Hinter den Mauern suchten die Istrier früher Schutz vor Angreifern; heute erfüllen Künstler, Musiker und Aussteiger auf Zeit die grauen Steingassen mit Leben. Auf den Inseln des Brijuni-Archipels hingegen tummelten sich Staatsgäste des jugoslawischen Präsidenten Tito; heute stehen deren Hotels und Villen allen offen. Römisches ist in der Hafenstadt Pula nicht zu übersehen: Die Arena, eines der größten Amphitheater der damaligen Zeit, errichteten Riesen, so ein istrischer Volksglaube. Auf der Halbinsel Kamenjak, dem südlichsten Punkt Istriens, geht's auf Spurensuche nach Dino-Fußabdrücken und Orchideen oder zum Windsurfen.

Touren in der Region

 Tour 1

Von der Küste zu istrischen Bergdörfern

Route: Umag › Buje › Kaštel › Momjan › Oprtalj › Završje › Grožnjan › Höhle Baredine › Novigrad

Karte: Seite 52
Länge/Dauer: 115 km, 1 Tag
Praktische Hinweise:
- Mit öffentlichen Verkehrsmitteln sind die kleinen Bergdörfer wie Završje nur schwer zu erreichen, deshalb empfiehlt sich ein eigenes Fahrzeug.
- Besuche bei Winzern oder Olivenölproduzenten bitte telefonisch anmelden!

Tour-Start:

Mauerumgürtete Städtchen auf Hügelkuppen, Künstlerflair und der Abstieg in die Höhlenunterwelt machen den Reiz dieser Tour ins Hinterland aus. Starten Sie zeitig am Morgen, damit genug Zeit bleibt für

Die Uferpromenade von Novigrad

kulinarische Pausen und/oder Weinverkostung!

Von **Umag** **1** › **S. 55** führt die
Regionalstraße D300 13 km nach
Südosten bis **Buje [B/C3]**, das von
seinem 222 m hohen Hügel das
nördliche Istrien überblickt. Ein
Bummel durchs Zentrum um die
Kirche Sv. Servul mit einem Markuslöwenrelief am Campanile
(15. Jh.) und ein Blick auf das grüne
Istrienpanorama, dann geht's weiter
nach Norden in Richtung sloweni-
scher Grenze und kurz davor nach
rechts und steil bergauf ins Dörfchen **Kaštel [C2]**. Das gleichnamige
Restaurant Stari Kaštel (Kaštel 85,
Tel. 052 77 70 11, www.starikastel.
com, Mo, Di geschl., €€€) überblickt von seiner privilegierten Position das slowenische Küstenland
mit den Salinen von Sečovlje › **S. 58**,
und man hat sicher nichts dagegen,
wenn auch Sie einen Blick auf dieses
Panorama werfen. Übrigens ist auch

das Essen sehr zu empfehlen. Da es
in der Region nicht an kulinarischem
Angebot mangelt, können Sie auch
5 km weiter und wieder bergab in
Richtung **Momjan [C2]** in der idyllischen Konoba Stari Podrum (Most
52, Momjan, Tel. 052 77 91 52, www.
staripodrum.info, Mi geschl., €€)
einkehren, an der ein Flüsschen ent-
langplätschert. Nur 2 km weiter lädt
einer der berühmtesten istrischen
Winzer, Gianfranco Kozlović, zu
Verkostung und Verkauf (Vale 78,
Momjan, Tel. 052 77 91 77, www.
kozlovic.hr, So geschl.).

16 km durchs fruchtbare Hügelland sind es über das 304 m hoch
gelegene Dörfchen **Šterna [C3]** bis
Oprtalj [C/D3], das von seiner 288 m
hohen Kuppe über Olivenpflanzungen und Weinreben blickt. Am
Ortseingang, am Beginn einer Zy-
pressenallee, sollten Sie unbedingt
einen Blick auf die Fresken (Mariä
Verkündigung mit Heiligen) in der

Oprtalj im westöstlichen Hinterland liegt malerisch auf einem Hügel

1479 errichteten Kirche Sv. Marija werfen; sie ist aber leider oft geschlossen. Die Altstadt ist teils noch von einer Mauer geschützt, durch die ein Tor (18. Jh.) führt. Ihm gegenüber birgt die venezianische Loggia (16. Jh.) ein kleines Lapidarium. Zum Abschluss kehrt man im Restaurant Loggia (€€) neben der Loggia bzw. in dessen Garten ein, bestellt sich eine Bruschetta mit Trüffel und genießt die Aussicht.

Nun geht's zurück nach Šterna und weiter in Richtung Grožnjan. Achtung, Kameras gezückt! Denn nach rund 5 km thront **Završje [C3]** wie ein Adlernest auf einem Felsvorsprung, gekrönt vom schiefen Turm seiner Kirche. Den ab dem 11. Jh. dokumentierten Ort haben nach dem Zweiten Weltkrieg seine italienischstämmigen Bewohner verlassen. Nun helfen EU-Gelder, um ihn nach und nach zu restaurieren. Schauen Sie bei Familie Miani (Završje 51) vorbei; sie verkauft exzellenten eigenen Honig und spricht bestens Deutsch.

Knapp 10 km nach Westen und Sie erreichen **Grožnjan 5** › S. 61. Das malerische Künstlerstädtchen verdient eine längere Pause: Ein Bummel durch die Gassen und Galerien benötigt seine Zeit. Ein letzter Blick über die fruchtbare Halbinsel zum Meer, dann steht 25 km in Richtung Poreč ein Ausflug in die unterirdische Zauberwelt der **Höhle Baredine 7** › S. 65 auf dem Programm. Zum Ziel **Novigrad 3** › S. 57 sind es dann noch 15 km. An der Brücke von Antenal an der Mündung des Flusses Mirna in die

Adria stehen in der Spargel- oder Steinpilzsaison die Verkäufer mit den frisch gestochenen bzw. gesammelten Delikatessen.

Radeln und baden

Route: Umag › Zambratija › Savudrija › Crveni Vrh › Kanegra › Sv. Marija na Krasu › Umag

Karte: Seite 52
Länge/Dauer: 30 km, 1 Tag
Praktische Hinweise:
• Nehmen Sie Badesachen mit; unterwegs locken immer wieder Buchten zu einem Sprung ins kühle Nass!

Tour-Start:

Ein gut ausgebauter Radweg führt am Meer und hübschen Badebuchten entlang zum historischen Leuchtturm von Savudrija und den Stränden von Kanegra. Landeinwärts radelt man zurück zum Ausgangspunkt.

Start ist die Uferpromenade Šetalište Miramare beim Hotel Sipar in **Umag 1** › S. 55. Der Promenadeweg folgt der Küstenlinie nach Norden, überquert auf einem Brücklein eine schöne Bucht und passiert dann die Ferienanlage Stella Maris.

Die Anlage landeinwärts umgehend erreicht man danach wieder die Küste und die nächste Feriensiedlung, Katoro. Direkt am Meer an der Halbinsel Tiola befinden sich hier die Fundamente einer römi-

TRIEST

Rt. Debeli
Muggia
Ankaran
Osp
Socerb
Jama
Grad
Prešnica
Kozina
Tatre
Dimnice
Gradišče

Koprski Zaliv
Izola
Koper
Vanganel
Sv. Trojica
Hrastovlje
Gračišče
SLOWENIEN
Kras
Podgorski
Slavnik 1028
Kavač 879
Brest
Vodice
Jankana jama

Rovinja
Piranski Zaliv
Piran
Portorož
Lucija
Padna
Supotski slap
Labor
Dragonja
Močerga
Reparac
Brest
Račja Vas
Roč

Sv. Ivan
Savudrija
Valica
Aerodrom Portorož
Kaštel
Momjan
V. Repavac
Oprtalj
Buzet
Donat
44

Umag
Potok
Buje
Grožnjan
Zavrsje
Livade
Istarske Toplice
Draguč
Hum
Mirna
Quieto

Seget
Juricani
Brtonigla
Nova Vas
Sv. Juraj
Vižinada
Motovun
Senj
Jezero Butoniga
Paz

Karigador
Dalja
Aquapark Istralandia
Novi Kanal
Rakotule
Karojba
Grdoselo
Cerovlje

Novigrad
Lanterna
Veli Maj
Stari Tar
Tar
Baredine
Pečina
Višnjan
Škropeti
Beram
Sv. Marija na Škriljinah
Fojba
Gračišće
64

Sv. Anna
Špadiči
Poreč
Nova Vas
Baderna
Muntrilj
Tinjan
Pazin
Veli Breg 450

Euphrasius-Basilika
Sv. Nikola
Plava Laguna
Ibandaj
Sv. Petar u Šumi
Sv. Lovreč/Paz.
Sv. Magdelena
Šumber

Funtana
Flengi
Gradina
Röm. Kastell
Sv. Mihovil
Barat
Sveta Agata
Dvigrad
Katarina
Hrvatini
Baliči
Kaštel Pineta

Vrsar
Sv. Feliks
Kloštar
Sv. Martin
Sošići
Rovinjsko Selo
Kanfanar
Iminj
Gradina 374
Kuni

Soline
Rovinj
Golaš
Sv. Katarina
Krmed
Svetvinčenat
Barban
Rača

Crveni Otok
Luka Veštar
Sv. Nikola
Monkodonja
Autocamp Veštar
Bale
Bokordići
Juršići
Glavani
Stalije
Trget

Otočić Sveti Ivan
Sv. Damjan
Sv. Jakob
Negre
Gajana
Sv. Kvirin
Divšići
Hreljići
66
Rakalj

Reservat Palud
Barbariga
Toranj
Peroj
Sv. Blaš
Sv. Cecilija
Vodnjan
Galižana
Marčana
Krnica

Adriatisches Meer
Nacionalni Park Brijuni
Veli Brijun
Bizantski kaštrum
Fažana
Fažanski kanal
Muntić
Pavićini
Rt. Arne
Loborika
Nesactium
Luka Budava
Ušići

Arena
Aerodrom Pula
PULA
Kaštel
Banjole
Nesactium
Lišnjan
Medulin
Svetica

Triest, Venedig
Koper
Valun
Premantura
Medulinski zaljev
Porer
Rt. Kamenjak

0   6 km

schen Villa sowie weitere Ausgrabungen des **Arheološki park Sepomaia** [B2], der sich allerdings noch im Aufbau befindet. Man gewinnt dennoch einen Eindruck **!** von der Bedeutung der römischen Siedlung **Sepomaia**, und man kann gleich nebenan am Felsstrand ein erstes erfrischendes Bad nehmen.

Ein Stück muss man nun auf der Hauptstraße Istrska cesta radeln, bis das beschauliche **Zambratija** [B2], etwa 5 km ab Umag, erreicht ist. In Bašanija biegt man links bergab zum Meer und zum Leuchtturm von Savudrija. Im Schatten der Pinien kann man hier wunderbar verschnaufen und ins klare, kühle Nass springen.

Am Restaurant Lanterna knickt der Weg nach rechts und folgt der Küste vorbei an Ravna Dolina und den Campingplatz Veli Jože umrundend bis **Savudrija** **2** › **S. 56**, wo er sich landeinwärts und an Olivenpflanzungen entlang in Richtung Velika Stancija und Alberi wendet.

Zwischen dem Hotelkomplex des Kempinski Adriatic und dem Golf-

Der Leuchtturm von Savudrija

platz geht es ostwärts bis **Crveni Vrh** [B2] und weiter zur Feriensiedlung Kanegra mit Felsbuchten, in denen das Schnorcheln ein wunderbares Erlebnis ist.

Sanft bergauf radelnd fahren Sie anschließend über Valica nach **Sv. Marija na Krasu** und **Buščina** [B2], denn dort erwartet die Konoba Buščina › **S. 56** hungrige Gäste mit ausgesprochen leckerer, feinster istrischer Küche. Von Buščina sind es dann noch etwa 6 km zurück zum Ausgangspunkt Umag.

Touren an der Westküste und im Hinterland

Tour ❶
Von der Küste zu istrischen Bergdörfern

Umag › Buje › Kaštel › Momjan › Oprtalj › Završje › Grožnjan › Höhle Baredine › Novigrad

Tour ❷
Radeln und baden

Umag › Zambratija › Savudrija › Crveni Vrh › Kanegra › Sv. Marija na Krasu › Umag

Tour ❸
Mit dem Golfcart auf Veli Brijun

Hafen von Fažana › Verige-Bucht › österreichisch-ungarischer Aussichtsturm › Javorika-Bucht (Dinosaurierspuren) › prähistorische Siedlung › byzantinisches Castrum › Kirche Sv. Marija › Safari-Zoo › Golfplatz › Hafen

Mit dem Golfcart auf Veli Brijun

Route: Hafen von Fažana › Verige-Bucht › österreichisch-ungarischer Aussichtsturm › Javorika-Bucht (Dinosaurierspuren) › prähistorische Siedlung › byzantinisches Castrum › Kirche Sv. Marija › Safari-Zoo › Golfplatz › Hafen

Karte: Seite 52
Länge/Dauer: 12 km, 2 Std.–1 Tag
Praktische Hinweise:
• Die Abfahrtszeiten der Schiffe von Fažana nach Veli Brijun sind auf www.np-brijuni.hr aufgelistet. Besorgen Sie sich in der Tourist Info in Fažana (Titova riva 2, www.infofazana.hr) auch eine Karte der Insel.
• Gleich am Hafen in Veli Brijun befindet sich ein Fahrrad- und Golfcart-Verleih (500 Kn/5 Std.).
• Es gibt mehrere Restaurants auf der Insel, doch die Qualität ist nicht gerade berauschend. Bessere Dienste leistet ein gut gepackter Picknickkorb. Und Badesachen nicht vergessen!

Tour-Start:

Anstatt im dicht gedrängten Takt eines Gruppenausflugs kann man **Veli Brijun** 🛈 › S. 73 auch individuell besuchen, Pausen einlegen, wo man Lust hat, ein bisschen schwimmen oder sogar eine Runde Golf spielen.

Vom Fahrrad- bzw. Golfcartverleih neben dem Hotel Neptun Istra folgt man der Küstenlinie nach Os-

ten, umrundet die Halbinseln Slavulja und Mrtvi rt und schwenkt in die Bucht **uvala Verige** ein, an deren tiefsten Punkt die Fundamente einer **römischen Villa** an der Wasserlinie stehen. **50 Dinge** ③ › S. 12. Rund 1 km lang war die gesamte Anlage mit Tempeln, Wirtschaftsgebäuden und Prunkräumen, errichtet zwischen dem 1. Jh. vor und dem 1. Jh. n. Chr. und bis zum 6. Jh. bewohnt. Der Kai des Anwesens befindet sich heute 1 m unter der Wasserlinie. Ein Abstecher führt 350 m landeinwärts zum **Aussichtsturm Ciprovac**, den Paul Kupelwieser › S. 72 aufstellen ließ. Heute reicht die Plattform nicht mehr über die Baumwipfel hinaus, die filigrane Konstruktion aber ist nach wie vor sehr elegant.

Zurück am Küstenweg sind die **Dinosaurierspuren** in der Javorika-Bucht das nächste Ziel. Theropoden haben diese Fußabdrücke wahrscheinlich vor 66 Mio. Jahren im Schlamm hinterlassen. Die Bucht umrundend ist eine kleine **Saline** erreicht, an der fast immer seltene Vögel zu beobachten sind; gleich daneben die Mauerreste eines **prähistorischen Dorfs.** Danach quert man nordwestwärts zur uvala Dobrika und dem **byzantinischen Castrum**, eine der faszinierendsten Ausgrabungsstätten Brijunis. Aus einer römischen *villa rustica* entwickelte sich eine Ansiedlung, deren Ruinen rund 1 ha bedecken. Sie war vom 1. Jh. n. Chr. bis in die venezianische Zeit bewohnt und besaß eine heute noch eindrucksvolle Ölmühle. Zum Castrum gehörte die **Kirche Sv. Marija,** als dreischiffiges Gotteshaus im 5./6. Jh. erbaut, in deren Ruinen einige schöne Details wie der Altarsockel und korinthische Säulenkapitelle zu entdecken sind.

An der lang gestreckten Bucht uvala Gospa fährt man nun nach Norden und Westen zum **Safari-Zoo.** Jugoslawiens Präsident Tito brachte hier Tiere unter, die er als Gastgeschenke bekommen hatte, darunter zwei indische Elefanten (einer ist inzwischen verstorben), Nilgau- und Moorantilopen, Zebras, Lamas und ein Gelbhaubenkakadu, der angeblich Tito perfekt imitieren kann. Auch autochthone istrische Arten wie etwa Boškarin-Rinder und istrische Schafe leben in den Gehegen.

Blick auf die Uferpromenade von Umag

Zwischen Golfplatz und Küste entlang kommt man zurück zum Hafen. Wer noch Lust hat, kann sich hier die Ausstellung »Tito auf Brijuni« ansehen.

Unterwegs in der Region

Umag **1** [B2]

Dass die Stadt (13 500 Einw.) auf einer lang gestreckten ehemaligen Insel römische Wurzeln hat, belegt u. a. der Fund einer *villa rustica* in ihrer Nähe. Rund 10 km nördlich, in der Feriensiedlung Katoro, sind die Fundamente direkt am Strand zu besichtigen › **Tour 2, S. 51.**

Venedig hat seine Spuren mit einem Markuslöwenrelief am Campanile der Kirche **Sv. Pelegrin** am trg Slobode hinterlassen. Das innen barock ausgestattete Gotteshaus birgt einen akustischen Schatz: eine der ältesten Orgeln in Istrien von 1776. **50 Dinge** ㉒ › **S. 14.** Kirche wie Platz wirken in ihrer Größe eher un-

proportioniert, doch entlang der **Riječka ulica** flaniert man an hübschen Palazzi im Stil der venezianischen Gotik entlang. Warum sich in der schmalen Straße ein Café und Restaurant ans andere reiht? Wenn man eines betritt, landet man auf der gegenüberliegenden Seite plötzlich auf einer Terrasse über dem Meer … Wer sich intensiver mit der römischen Geschichte beschäftigen möchte, besuche das **Muzej grada Umaga**, das die Ausgrabungen im antiken Sepomaia › **S. 53** am Kap Katoro koordiniert (trg Sv. Martina 1, www.mgu-mcu.hr, Mai–Sept., Di–Sa 10–13, 18–21, So 10–13, Winter Di–Fr 10–12, Do, Fr auch 17–20, Sa, So 10–13 Uhr).

Info
Tourist Info
- Trgovačka 6 | 52470 Umag
  Tel. 052 74 13 63
  www.coloursofistria.com

Hotels
Village Sol Garden Istra €€€
Ideal für Familien und Aktive: Riesen-
wasserpark gleich nebenan, Mini-Klub,
Fahrradverleih …
- Katoro 19 | Umag
  Tel. 052 71 60 00 | www.istraturist.com

Villa Rosetta €€
Das sympathische und familiär geführte
Haus ❗ liegt an einem ruhigen Strand-
abschnitt und bietet exzellente mediterrane Küche.
- Crvena uvala 31 | 52475 Zambratija
  Tel. 052 72 57 10 | http://villarosetta.hr

Restaurants
Mare e Monti €€€
Überzeugt mit der besten und frisches-
ten Fischküche Umags.
- Meliá Resort Istrian Villas | Umag
  Tel. 052 71 05 99 | www.melia.com

Konoba Buščina €€
In dem ländlichen Lokal mit typisch istri-
scher Küche spielen abends manchmal
Musikanten auf. **50 Dinge** ⑫ › S. 13.
- Buščina 18 | Umag
  Tel. 052 73 20 88
  www.konoba-buscina.hr
  Di geschl., Mitte Juli–Ende Aug.
  tgl. geöffnet

Pergola €€
Kreative Fischküche – von ❗ einem
äußerst talentierten Jungkoch auch äs-
thetisch sehr ansprechend dargebracht.

- Sunčana 2 | Zambratija
  Tel. 052 75 96 85
  www.pergola.com.hr
  Mo nur abends

Shopping
Moremo Coronica
Vor allem der Malvazija dieses Spitzen-
winzers ist zu empfehlen.
- Koreniki 86 | Umag
  Tel. 052 73 03 75 | www.coronica.eu

Aktivitäten
Umag Tennis Academy
Umag ist Kroatiens Tennis-Mekka; hier
trainieren Sie mit den besten Lehrern.
- Katoro bb | Umag
  Tel. 052 70 07 00
  www.umagtennisacademy.com

Ausflug nach Savudrija ② [B2]

Wahrzeichen des Fischerstädtchens,
9 km nördlich von Umag, ist sein
1818 erbauter, 36 m hoher Leuchtturm, der übrigens als Unterkunft
gemietet werden kann (www.light
houses-croatia.com). Naturbelasse-
ne Felsstrände, kleine Buchten und
ländliche Restaurants charakterisie-
ren die nähere Umgebung Savudri-
jas am nordwestlichsten Punkt des
kroatischen Istrien.

Hotel
Villa Valdepian €€
Die Lage dieses historischen Hauses
direkt am Meer ist grandios.
- Svjetioničarska 18 | 52475 Savudrija
  Tel. 52 759 906
  www.valdepian.com

Novigrad 3 [B3]

Auch Novigrad (4400 Ew.), das wie Umag eine schmale Landzunge besetzt, hat römische Wurzeln und bildet heute den Mittelpunkt einer von Hotels und Campingplätzen geprägten Ferienregion. Der Platz **Veliki trg** ist das pulsierende Herz der Altstadt, gerahmt von Cafés und der Kirche **Sv. Pelagij,** deren romanische Architektur die Baumeister des Barock gründlich umgemodelt haben. Erhalten ist allerdings noch die **Krypta,** die zwischen dem 8. und dem 9. Jh. entstanden ist; hier ruht der Kirchenpatron Pelagius in einem Steinsarkophag (Sommer Mo bis Sa 9.30–13.30, 17.30–22 Uhr).

Das **Lapidarium** ⭐ zählt zu den spannendsten Museen Istriens. Der moderne Bau zeigt Steinfragmente von Grabplatten und Denkmälern, darunter das Ziborium des Bischofs Mauritius aus dem 8. Jh. (Veliki trg 8a, www.muzej-lapidarium.hr, Nov. bis März Di–So 10–13, 17–19, Okt., April, Mai 10–13, 17–20, Juni–Sept. 10–13, 18–22 Uhr).

Entlang des Parks und der Küstenlinie sicherte der im 13. Jh. von Venedig erbaute **Stadtwall** Novigrad zum Meer hin; auch ein Wehrturm ist noch erhalten, und im Mauerabschnitt am Prolaz Venecije residiert ein nettes Boutique-Hotel. K. u. k. Nostalgikern und Freunden der Seefahrt sei der Besuch des Museums **Gallerion** empfohlen (Mlinska ul. 1, www.kuk-marine-museum. net, April–Mitte Juni Mi–Sa 9–12, 14–18, Mitte Juni–Aug. 9–12, 19 bis 21, Sept., Okt. 9–12, 15–18 Uhr).

Info

Tourist Info
- Mandrač 29a
  52466 Novigrad
  Tel. 052 75 70 75
  www.coloursofistria.com

Der Platz Veliki trg in der Altstadt von Novigrad

SPECIAL

Ins slowenische Istrien

ACHTUNG: Abweichende Verkehrs-bestimmungen in Slowenien: Stets, auch tagsüber, mit Licht fahren, Autobahnen und Schnellstraßen (weißes Fahrzeug auf blauem Grund) sind vignettenpflichtig!

Der slowenische Teil Istriens ist sehr klein und birgt doch viele land-schaftliche und kulturelle Charakte-ristika der Halbinsel und mehrere interessante Attraktionen. Passiert man von Buje kommend den west-lichen Grenzübergang Plovanija/Sečovlje, kann man sofort nach dem kroatischen (und vor dem sloweni-schen) Grenzübergang links in den **Naturpark der Salinen von Sečovlje [B2]** hineinfahren.

Die tief eingeschnittene Bucht nutzen die Einheimischen seit Men-schengedenken zur Salzgewinnung; Kanäle entwässern das sumpfige Gelände, in abgeteilten Becken ver-dunstet Meerwasser, lässt erst kost-bare Salzblüte, *Solni cvet*, entstehen und schließlich die zu erntenden Salzfelder. Andere Bereiche der ehemaligen Salinen sind aufgelas-sen; hier erobert die Natur ihr Ter-rain mit salzresistenten Pflanzen zurück. Auch als Vogelparadies ist der Naturpark bedeutend.

Ein Museum erläutert am zwei-ten Salinenzugang, rund 1 km nach dem slowenischen Grenzübergang links, Natur und Ökologie. Der La-den verkauft Salz und Salzprodukte, alles auch heute noch von Hand ge-schöpft (Sečovljske soline, Seča, www.kpss.si, tgl. 7–19 Uhr). **50 Din-ge** (42) › S. 17.

Die Erträge der Salinen flossen einst in die venezianische Staatskasse, aber sie haben auch **Piran** ⭐ [B2] reich gemacht. Das Hafenstädtchen auf seiner Landzunge war wahrscheinlich schon in antiker Zeit besiedelt. Venezianische Architektur rahmt den runden Hauptplatz Tartinijev trg am Hafen, den ein Denkmal für den Komponisten und Geiger Guiseppe Tartini (1692 bis 1770) schmückt. Der »Teufelsgeiger« ist ein Kind der Stadt. Die Altstadt überragt die Kirche des hl. Georg auf einem Höhenrücken. **50 Dinge** ㉛ › **S. 15.** In den verwinkelten Altstadtgassen unterhalb verbergen sich architektonische Details wie Türfriese, venezianische Fenster und der bezaubernde Renaissencekreuzgang (tgl. 10–12, 17–20 Uhr) des Minoritenklosters (18. Jh.), in dem im Sommer Musikabende stattfinden. Ein Bummel vom Tartinijev trg auf die Halbinsel führt über den Platz trg 1. Maja mit dem Barockensemble einer großen, zentralen Zisterne und mehrerer Häuser aus dem 17./18. Jh. An der Spitze der Halbinsel und an deren Nordseite finden sich einige Badeplätze auf Uferfelsen. In der Pizzeria Flora hat man zu Pizza und Pasta den Blick auf das Meer frei Haus (Prešernovo nabrežje 26, €).

Über einen Bergrücken gelangt man in die üppig mit Pinien, Palmen, Bougainvillea und Rhododendron bewachsene Bucht von Piran mit dem Seebad **Portorož** [B2], das um die Wende zum 20. Jh. beliebt war bei den Reichen und Schönen Europas. Historische Hotels und Villen künden davon. Im sozialistischen Jugoslawien kamen allerdings auch so einige Bausünden mit modernen Hotelklötzen hinzu. Fast einmalig an der gesamten istrischen Küste lockt hier ein (aufgeschütteter) Sandstrand. Strandbäder verleihen Liegestühle und Schirme gegen Gebühr (www.portoroz.si).

Zum Abschluss ein Abstecher ins Landesinnere in das Dorf **Hrastovlje** [D2] mit der Wehrkirche **Sv. Trojica** ⭐, deren Freskenausmalung zu den schönsten Istriens zählt. 1475 im Renaissancestil errichtet und von einer hohen Wehrmauer umgeben schmückte wenige Jahre später Janez aus Kastav ihr Inneres vollständig mit Fresken zu den damals üblichen Themen Leiden Christi, Mariä Verkündigung, die Heiligen Drei Könige. Höhepunkt ist aber der Totentanz an der Südwand, der ähnlich wie in Beram › **S. 92** Menschen jeden Geschlechts, Alters und Standes in einem Reigen mit Gevatter Tod vereint.

Salinen von Sečovlje

Unterkunft

Rivalmare Boutique Hotel €€€

Ein todschickes Designhotel mit zwölf Zimmern, **!** alle perfekt gestylt.

- Rivarella 19 | Novigrad
  Tel. 052 75 86 00
  www.northistria.com

Cittar €€

Das Hotel punktet durch die Lage an der historischen Stadtmauer.

- Prolaz Venecije 1 | Novigrad
  Tel. 052 75 77 73 | http://cittar.hr

Camping Lanterna €

An der hübschen Bucht Tarska vala direkt am Meer; Clou ist das Glamping Village mit Luxuszelten und Pool.

- Lanterna bb | 52465 Tar
  Tel. 052 40 45 00
  www.camping-adriatic.com

Restaurants

Pepenero €€€

Das Restaurant zählt zu den besten Lokalen Istriens und serviert vorrangig Fisch als kreative Kompositionen des Spitzenkochs Marin Rendić.

- Polporela bb | Novigrad
  Tel. 052 75 77 06 | www.pepenero.hr

Giovanni €€

In dem Familienrestaurant mit langer Tradition bekommen Sie fein zubereitete istrische Spezialitäten.

- St. Rosello 30a | Novigrad
  Tel. 052 75 71 22

Konoba Gatto Nero €

Eine echte Konoba, also ein Kellerlokal, mit bäuerlicher Küche und Pizzaofen.

- Zidine 10 | Novigrad
  Tel. 052 25 55 55 | http://gattonero.eu

Nightlife

Pepebar

Chillen auf Holzplattformen über dem Meer, dazu Drinks oder Weine aus dem Gourmetrestaurant Pepenero › **links**

Aktivitäten

Punto Mare

Die topmoderne Strandanlage des 4-Sterne-Hotels Maestral punktet mit einem Infinity-Gezeitenpool und der Punto Mare Beach Bar mit Beachpartys und DJs.

- Terre 2 | Novigrad
  Tel. 052 85 86 00
  www.aminess.com

Ausflug nach Brtonigla **4** [B3]

Das Städtchen, 9 km nordöstlich von Novigrad gelegen, ist Nordistriens heimliche kulinarische Hauptstadt: Mehrere angesehene Oliven- und Weinbauern produzieren in der Umgebung, und gleich zwei berühmte Feinschmeckerrestaurants locken sogar Gäste aus Zagreb und Triest an. Es kostet ein wenig Mühe, den mittelalterlichen Ortskern der Streusiedlung zu finden, am besten orientiert man sich am 36 m hohen Glockenturm von St. Zeno. Neben dem hübschen Stadtbild lohnt ein Blick in die **Galerija Aleksandar Rukavina** (ul. Aleksandar Rukavina 9), sofern sie geöffnet ist. Der in Zagreb geborene Bildhauer (1934–1985) hat u. a. die Revitalisierung Grožnjans › S. 61 angestoßen. **!** Die Galerie zeigt einen Überblick über sein faszinierendes Werk.

Restaurants

Konoba Astarea €€

Volkstümlich und dabei sehr fein ist die Küche von Alma und Nino; Gerichte aus der Peka gibt es auf Vorbestellung. Zum Nachtisch den Apfelstrudel probieren!

• Ronkova 9 | 52474 Brtonigla
  Tel. 052 77 43 84
  www.konoba-astarea-brtonigla.com

Konoba Morgan €€

Wer gerne Fleisch isst, kommt in dieser hübsch gelegenen, ländlichen Konoba voll auf seine Kosten!

• Brancanija 1 | Brtonigla
  Tel. 052 77 45 20
  www.konobamorgan.eu | Di geschl.

Grožnjan   [C3]

Das 288 m hoch gelegene Grožnjan (736 Einw.) ist das Vorzeigestädtchen Istriens, gelang hier doch ab den 1960er-Jahren die Revitalisierung eines Bergdorfs, in dem kaum noch jemand lebte. Unter Federführung des Bildhauers Aleksandar Ru-

kavina › **S. 60** zogen 30 Künstler in die leeren Häuser ein und renovierten sie in Eigenregie – dafür durften sie umsonst wohnen. Den Ruf, ein Künstlerstädtchen zu sein, hat sich Grožnjan mit seinen vielen Ateliers und Galerien erhalten. Sehenswert ist neben dem romantischen Ortsbild die mächtige Stadtmauer, die ab 1358 die Serenissima erbauen ließ. Fantastisch ist der Weitblick über die istrische Hügellandschaft von der kastanienbeschatteten Aussichtsterrasse vor der Kirche Sv. Vid.

Info

Tourist Info

• Umberta Gorjana 3 | 52429 Grožnjan
  Tel. 052 77 61 31
  www.tz-groznjan.hr

Restaurants

AModoMio €

Nette Pizzeria mit kleiner, aber guter Speisenauswahl.

• Trg Corner 1 | Grožnjan
  Tel. 052 7 77 63 29

Das pittoreske Künstlerstädtchen Grožnjan mit seinen gepflasterten Gassen

Konoba Pintur €

Das urige Gasthaus im Zentrum kocht nicht überdurchschnittlich, ist aber nett und empfehlenswert.

• Umberta Gorjana 9
Grožnjan

Nightlife

Kaya Energy Bar

Chillen in mittelalterlichen Mauern und auf einer hübschen Terrasse mit Weitblick; die Lampen, Möbel, Nippes, die in diesem Café herumstehen, kann man käuflich erwerben.

• Vincenta iz Kastva 2
Grožnjan
Tel. 091 4 43 34 30

Shopping

Enoteka Zigante Tartufi

Istriens Trüffelkönig verkauft hier Trüffel pur oder zu Paste verarbeitet.

• Umberta Gorjana 5 | Grožnjan
Tel. 052 77 60 99
http://zigantetartufi.com

Poreč 6 ★ [B4]

Istriens einzige Weltkulturerbestätte, die Euphrasius-Basilika, verbirgt sich in den schmalen Gassen der Hafenstadt (17 500 Ew.), die deutlich ihre römischen Wurzeln erkennen lassen: Schnurgerade verlaufend und sich rechtwinklig kreuzend

Poreč

0   150 m   N

A Peterokutna kula   **C** Romanisches Haus   **E** Euphrasius-Basilika
B Zavičajni muzej   **D** Forum (Trg Marafor)

Innenraum der Euphrasius-Basilika mit dem goldglänzenden Apsismosaik

folgen sie seit zwei Jahrtausenden dem Straßenraster des römischen Parentium, das bereits im 1. Jh. Stadtrechte bekam und im 4. Jh. einen christlichen Bischof, den hl. Maurus, in seinen Mauern barg. Im 13. Jh. fiel Poreč an Venedig – zahlreiche Palazzi in venezianischer Gotik und Barock zeugen von dieser Blütezeit.

Altstadt

Decumanus heißt die verkehrsberuhigte Hauptgasse, die gesäumt von Geschäften und Restaurants die Altstadt-Halbinsel von Ost nach West durchquert und am ehemaligen Forum, dem trg Marafor, endet. Gleich zu Beginn markiert der Turm **Peterokutna kula** Ⓐ den Eingang zur Altstadt; wenige Schritte weiter präsentiert das gotische Haus (Nr. 5) die ganze Pracht des venezianischen Baustils. Das **Zavičajni muzej** Ⓑ (Stadtmuseum) im barocken Palazzo Sinčić erzählt die Geschichte Porečs (Decumanus 9, www.mu

zejporec.hr, wg. Renovierung geschl.). Vorbei am **Romanischen Haus** (13. Jh.) Ⓒ mit Außentreppe und kommt man schließlich zum ehemaligen **Forum** Ⓓ. Angeblich soll hier der größte Tempel Istriens gestanden haben – heute sind nur noch Fragmente des **Großen Tempels** und im Park schräg dahinter eines **Neptuntempels** erhalten.

Euphrasius-Basilika Ⓔ ⭐

Der frühchristlich-byzantinische Komplex zwischen Altstadt und Meer an der Nordseite der Halbinsel zählt zum UNESCO-Weltkulturerbe und besteht aus dem romanischen Kanonikerhaus, der eigentlichen Basilika, einem Baptisterium und dem **Mosaikenmuseum.** Hier sollte der Besuch beginnen. Unter den fantastischen frühchristlichen Mosaiken befindet sich eines mit der Darstellung eines Fisches (4. Jh.) aus dem ersten christlichen Betraum. In ihm wirkte heimlich der hl. Maurus, bevor er den Märtyrertod starb. Hier finden sich auch die Fundamente einer Basilika vom Beginn des 5. Jhs. Über das Atrium des Komplexes gelangt man zum **Baptisterium** (5. Jh.) mit Taufbecken. Ihm gegenüber führt das Portal in die von Bischof Euphrasius errichtete **Basilika** (6. Jh.) mit ihrem spektakulären, goldglänzenden Apsismosaik: Über dem als Weltherrscher (Pantokrator) dargestellten Christus sitzt die Gottesmutter, umgeben von Aposteln, Heiligen und himmlischen Heerscharen. **50 Dinge** ㉓ › **S. 14**. Zwei Säulenreihen aus Marmor mit fein gearbeiteten Kapitellen unterteilen das Gotteshaus in drei Schiffe, die in drei Apsiden enden. Vom linken Seitenschiff führt ein Durchgang in die Maurus-Kapelle mit dem Reliquiensarkophag des Heiligen (Eufrazijeva ulica 22, Nov.–März Mo–Fr 9–16, Sa bis 14, April–Juni, Sept., Okt. Mo–Sa 9–18, Juli, Aug. bis 21 Uhr).

Plava und Zelena
Laguna [B4]

Bucht an Bucht reiht sich an der Küste südlich von Poreč auf, und in manchen schimmert das Meer in einem fast karibischen Blau oder Grün – deshalb tragen sie auch Namen wie *plava* (blaue) oder *zelena* (grüne) Lagune. Moderne Komforthotels und Campingplätze säumen die »Lagunen«, ein großes Sport- und Freizeitangebot erwartet die Feriengäste, und abends tanzen alle auf den Hotelterrassen und in Beach Bars. Fast jeder der (Fels- und Kies-) Strände hier trägt die

Blaue Fahne als internationale Anerkennung der hohen Strand- und Wasserqualität.

Info

Tourist Info
• Zagrebačka ul. 9 | 52440 Poreč
Tel. 052 45 12 93 | www.myporec.com

Hotels

Laguna Parentium €€€
Das »Adults-only-Hotel« mit allem Komfort besitzt eine traumhafte Lage auf einer Halbinsel mit eigenem Strand.
• Zelena Laguna | Poreč
Tel. 052 411500
http://de.lagunaporec.com

Valamar Isabella Island Resort €€€
Das Resort auf der vorgelagerten Insel Sv. Nikola bedient die verschiedensten Bedürfnisse. Luxus und Ruhe oder auch Action und Unterhaltung.
• Sv. Nikola | Poreč
Tel. 052 46 51 30 | www.valamar.com

Flores €€
Das komfortable Hotel liegt unweit von Marina und Stadtstrand.
• Rade Končara 4 | Poreč
Tel. 052 40 88 00 | www.hostin.hr

Restaurants

Sv. Nikola €€€
Das edle Restaurant an der Uferpromenade hat sich der feinen Fischküche verschrieben.
• Obala M. Tita 23 | Poreč
Tel. 052 42 30 18 | www.svnikola.com

Hrast €€
Die vielen einheimischen Gäste sind Garanten für die Qualität. Unter den

Spezialitäten finden sich Leckereien wie *bakalaj*, Stockfisch.
- Nikole Tesle 13 | Poreč
  Tel. 052 43 37 97
  www.restoran-hrast.com

Konoba Aba €€
Klein und verwinkelt mit Tischen in einem schmalen Durchgang: Die Konoba wirkt schon auf den ersten Blick sympathisch; was Essen und Service bestätigen.
- M. Vlačica 2 | Poreč
  Tel. 052 43 86 69

Nightlife
Villa Club
Tagsüber Beach Café und Lounge, nachts Edel-Disko mit House und R'n'B.
- Rade Končara 4a | Poreč
  Tel. 099 2 14 90 04
  http://villa-club.net

Shopping
Koza
Die junge Designmarke steht für handgearbeitete Ledertaschen – sehr schick.
- Eufrazijeva ul. 28 | Poreč

Aktivitäten
Wasserpark Aquacolors › S. 29

Ausflug zur Höhle Baredine 7 ⭐ [C4]

Die Tropfsteinhöhle entführt Abenteuerlustige in 132 m Tiefe. Im Rahmen der normalen Besichtigung steigt man durch fünf Hallen 60 m zu einem unterirdischen See ab. Einzigartige Tropfsteinformationen und ein Besuch beim Grottenolm (Proteus Anguinus) gestalten die

40-minütige Tour spannend und unterhaltsam (Nova Vas, www.baredine.com, Nov.–März tgl. 11–14, April, Okt., 10–16, Mai, Juni, Sept. bis 17, Juli, Aug. bis 18 Uhr). **50 Dinge** (24) › **S. 14.**

Neben dem Höhleneingang zeigt die Ausstellung **Traktor Story** u.a. 50 Oldtimer-Traktoren (www.traktorstory.com, Nov.–März tgl. 11–14, April, Okt. 10–15, Mai, Juni, Sept. bis 16, Juli, Aug. bis 17 Uhr).

Funtana 8 [B5] und Vrsar 9 [B5]

Die Hotel- und Campingzonen der beiden Städtchen 6 und 10 km südlich schließen übergangslos an die Porečer Ferienregion an. In Funtana säumen Spanferkelbratereien die Durchgangsstraße – der ganze Ort scheint ein einziges Grillrestaurant zu sein. Vrsars Altstadt auf einem Hügel besitzt mit dem Bischofspalast aus dem 13. Jh. und der roma-

In der Baredine-Höhle

nischen Kirche Sv. Marija od mora am Hafen noch den Charme historisch gewachsener Siedlungen.

Das touristische Kapital sind die Strände: Lanterna im gleichnamigen FKK-Camp zählt zu den schönsten der Region.

Restaurant

Konoba Petra €€€ .
Das österreichisch-französisches Gastronomenpaar mischt mit mediterraner Kreativküche die istrische Restaurantlandschaft auf.

• Kapetanova stancija 3
  52450 Vrsar
  Tel. 052 44 23 66

Aktivitäten

Dinopark in Funtana › **S. 29**

Rovinj 🔟 [B5]

Über Rovinj (14 500 Ew.) sollte man fliegen, denn aus der Luft betrachtet entfaltet die tropfenförmige **Altstadt-Halbinsel** ⭐ ihre ganze, nahezu perfekte Schönheit. Zwischen

Ⓐ Uhrturm Ⓒ Museum Kuća o batani Ⓔ Grisia-Gasse
Ⓑ Stadtmuseum Ⓓ Kathedrale Sv. Eufemija

dem rostroten Dachpuzzle sticht der schlanke Turm von Sv. Eufemija in den Himmel, und das Meer ist gesprenkelt mit 22 kleinen und größeren Inseln. **50 Dinge** ⑥ › S. 12.

Unter römischer Ägide spielte Rovinj, damals noch auf einer Insel und nicht mit dem Festland verbunden, keine größere Rolle; danach teilte der Ort das Schicksal Istriens mit Byzanz, den Langobarden und Franken als Herrschern, bis 1283 Venedig übernahm und 1815 Habsburg es ablöste.

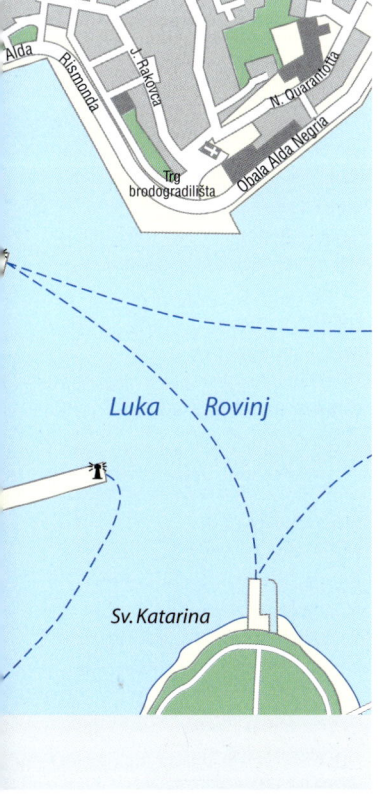

Altstadt

Am zentralen trg Maršala Tita grüßt der Markuslöwe vom venezianischen **Uhrturm** Ⓐ. Gegenüber weist der barocke **Balbi-Bogen,** gekrönt von einem Türkenkopf mit Turban, den Weg in die Altstadt. Er ersetzte 1680 ein mittelalterliches Tor. Ein paar Schritte weiter breitet das **Stadtmuseum** Ⓑ im barocken Rathaus die maritime Geschichte Rovinjs aus und präsentiert eine kleine Sammlung von Gemälden des 15. bis 19. Jhs. (trg Maršala Tita 11, www.muzej-rovinj.com, Di–Sa 10–13 Uhr). In einem Bogen führt die obala Pina Budičina vom Titoplatz an Marina und Hafen entlang und schlängelt sich dann als ulica Sv. Križa bis zur Spitze der Halbinsel. Restaurants, Boutiquen und die berühmten Cocktailbars Valentino und Puntulina säumen die allmählich ansteigende Uferstraße.

Gleich zu Beginn dieses angenehmen Spaziergangs lohnt ein Blick in das kleine, originelle **Museum Kuća o batani** Ⓒ, das die Geheimnisse der traditionellen Batana-Boote und des damit praktizierten Fischfangs enthüllt (obala P. Budičina 2, www.batana.org, Juli–Sept. tgl. 10–14, 19 bis 23, sonst Di–So 10–13, 16–18 Uhr, Jan., Febr. nur nach Anmeldung).

Kathedrale Sv. Eufemija Ⓓ

Von allen Seiten der Halbinsel führen Gassen oder Stufen zu dem ab 1725 errichteten, alles beherrschenden barocken Gotteshaus, in dessen rechtem Seitenschiff die hl. Euphemia ruht. Ihr Sarkophag erreichte

Auf Uferfelsen den Sonnenuntergang genießen in der Bar Valentino

Rovinj im 9. Jh. auf wundersame Weise, das Meer schwemmte ihn an. Als Wetterprophetin schmückt eine Bronzestatue der Heiligen den 65 m hohen **Campanile,** der seit 1654 in den Himmel sticht. Der Aufstieg ist anstrengend, der Blick fantastisch!

Grisia und Galerija Adris

Der Abstieg vom Kirchenplateau führt durch die **Grisia-Gasse** 🇪, in der zahlreiche Künstler arbeiten und ihre Werke präsentieren. Vieles ist Kitsch, doch einige interessante Maler und Kunsthandwerker sind darunter – es lohnt sich, genau hinzusehen und auch einmal einen Blick in die Seitengassen und Hinterhöfe zu werfen.

Ein angenehmer Bummel führt schließlich vom trg Maršala Tita am Meer entlang in Richtung Jachthafen nach Süden zur **Galerija Adris,** in deren ambitionierte Kunstausstellungen vornehmlich Werke zeitgenössischer kroatischer Kreativer

arrangiert sind (Vladimira Nazora 1, www.adris.hr, Juli, Aug. tgl. 18–23, Sept. 17–21 Uhr, Eintritt frei).

Zlatni rt

Den Naturpark auf der Halbinsel der Altstadt gegenüber legte der Österreicher Georg Hütterott Ende des 19. Jhs. an – er hoffte, so aus Rovinj einen heilklimatischen Kurort machen zu können. Den Plan ging nicht auf, aber Einheimische wie Besucher genießen das schattige Grün von Pinien, Kiefern, Steineichen und Himalaja-Zedern. Den Wald säumt einer der beliebtesten Strände Rovinjs, und den ehemaligen venezianischen Steinbruch an der Spitze der Halbinsel haben Freeclimber für sich erobert.

Info
Tourist Info
• Obala P. Budičina 12 | 52210 Rovinj
  Tel. 052 81 15 66 | www.tzgrovinj.hr

Hotels
Island Hotel Istra €€€
Perfekte Urlaubsunterkunft mit großem Sport- und Freizeitangebot.
• Crveni otok 1 | Rovinj
  Tel. 052 80 02 50 | www.maistra.hr

Monte Mulini €€€
Wenige Hotels in Istrien können es an 🔲 Luxus, Komfort und Lage mit dem Monte Mulini aufnehmen. Im Restaurant Wine Vault zaubert Andrew Gaskin französische Köstlichkeiten (www.winevault.com.hr).
• A. Smareglia 3 | Rovinj
  Tel. 052 63 60 00
  www.montemulinihotel.com

Villa Valdibora €€
Geschmackvoll eingerichtete Zimmer
und Apartments in der Altstadt.
• S. Chiurco 8 | Rovinj
  Tel. 052 84 50 40 | www.valdibora.hr

Restaurants
Konoba Kantinon €€
Hier schwingt der kroatische Spitzen-
koch Tomislav Gretić den Kochlöffel.
Seine Interpretationen istrischer Spe-
zialitäten sind einfach nur toll!
• Obala Rismondo | Rovinj
  Tel. 052 81 60 75

Puntulina €€
Traumhafte Lage auf den Uferfelsen, exzellente Fischküche und danach kunter-
bunte Cocktails. Reservierung empfehlenswert!
• Sv. Križa 38 | Rovinj
  Tel. 052 81 31 86 | www.puntulina.eu

Grota €
Beim Imbiss am Markt bekommt man
Snacks wie Schinken- und Käseplatte
oder Sandwiches, dazu eine gute Auswahl lokaler Weine.
• Valdibora bb | Rovinj

Male Madlene €
Ein paar Tische in Anas Wohnzimmer,
dazu von der Dame des Hauses ❗ per-
sönlich und frisch zubereitetes Fingerfood, ein Glas Wein dazu und der Blick
aufs Meer!
• Sv. Križa 28 | Rovinj
  Tel. 052 81 59 05 | Mai–Sept.

Nightlife
Valentino
An dieser Bar kommt niemand vorbei.
An Tischen oder auf Kissen sitzt man
soooo romantisch im Fackelschein auf
Uferfelsen und hört dem Plätschern des
Meeres zu.
• Sv. Križa 28 | Rovinj
  Tel. 052 83 06 83
  www.valentino-rovinj.com

Limbo
Gleiches Prinzip wie Valentino, nur auf
den Stufen einer Altstadtgasse.
• Casale 22 b | Rovinj

Shopping
Galerija Zdenac 13
Die hier ausgestellten Keramiken und
Holzarbeiten sind sehr originell, manche
witzig, andere formschön und elegant.
• Zdenac 13 | Rovinj

Atelier Sottomuro
Hübscher Schmuck und faszinierende
Bilder.
• Vrata pod zidom 2 | Rovinj
  www.ateliersottomuro.com
  Mai–Okt.

Strände
• Beliebt ist der Stadtstrand auf der
  Halbinsel Zlatni rt › S. 68.
• Schiffe setzen im Sommers stündlich
  auf die Inseln Sv. Katarina (10 Min.)
  und Crveni otok (15 Min.) über, wo
  sich weitere schöne Strandbuchten
  befinden (Anlegeplatz in der Altstadt
  gegenüber Hotel Adriatic).

Ausflüge von Rovinj
Limski kanal 11 [B–C5]
Der rund 9 km landeinwärts grei-
fende, schmale und von bis zu
100 m hohen Felswänden begrenzte
Meeresarm ist weder ein Kanal

noch ein Fjord, wie sein zweiter Name, Limfjord, besagt. Es handelt sich um die tief eingegrabene Mündung der Pazinčica, die in Pazin › **S. 88** als Karstfluss in der Unterwelt verschwindet und am Limski kanal wieder ans Tageslicht tritt. Die besonderen Wasserverhältnisse des sich vermengenden Süß- und Salzwassers im Limski kanal begünstigen Muscheln- und Austernzucht. Drei Restaurants am Ende des Wasserarms servieren die Delikatessen – und frischer geht nicht. Ein kurzer Weg bergauf führt zur **Romualdo-Höhle** (Romualdova pećina). Hier soll der hl. Romuald von Ravenna im 10. Jh. eine Zeitlang als Eremit gelebt haben; altsteinzeitliche Zeugnisse und Felsmalereien belegen, dass Menschen die Höhle schon lange vor ihm genutzt haben (April–Aug. 10–16 Uhr).

Dvigrad 12 [C5]

Legenden von vergrabenen Schätzen kreisen um die geheimnisvollen Ruinen des 20 km landeinwärts liegenden Ortes. Dvigrad, Doppelburg, wurde im 17. Jh. von seinen Bewohnern verlassen, nachdem Malaria und Pest die Bevölkerung drastisch dezimiert hatten.

ACHTUNG: In den Ruinen sind zahlreiche Schlangen!

Monkodonja 13 ⭐ [C6]

❗ Die bronzezeitliche Siedlung überblickt von einem Hügel die Küste (Anfahrt in Richtung Bale, bei Kokuletovika links auf eine Schotterstraße bergauf abbiegen).

Etwa 1800 v. Chr. sollen in dieser Stadt mehr als 1000 Menschen gewohnt haben. Über 350 ähnliche Siedlungen der prä-illyrischen Bevölkerung, *castellieri* genannt, sind in Istrien verzeichnet. Sie hatten ihre Mauern und Häuser aus Stein in Trockenbauweise ohne Mörtel errichtet. Mehrsprachige Bildtafeln erleichtern das Verständnis und die Orientierung.

Histria Aromatica
14 ⭐ [C5]

Der Kräuter- und Aromengarten ist vor allem morgens und abends ein herrliches Ausflugsziel, wenn Tausende von Blüten und Kräutern ihren Duft verströmen. Angelegt hat ihn ein istrischer Unternehmer, der mit Kräutern handelt. Neben den duftenden Gartenbewohnern ließ er auch ein Vielzahl charakteristischer Bäume pflanzen; selbst eine kleine Karsthöhle befindet sich auf dem Gelände (Pižanovac 37, Golaš, 52211 Bale, Tel. 052 35 50 44, www. histriaaromatica.hr, April–Okt. tgl. 9–19 Uhr).

Svetvinčenat 15 [D5]

In Inneristrien folgt Bergstädtchen auf Bergstädtchen, doch Svetvinčenat passt nicht in dieses Raster – es liegt inmitten von Feldern und Olivenhainen auf einer Hochebene. Auch der Architekturstil unterscheidet sich, denn über das imposante Kastell, die Pfarrkirche bis hin zur Loggia und mehreren Häusern am monumentalen Hauptplatz herrscht die Renaissance. Das im

16. Jh. errichtete Kastell Morosini-Grimani gibt die historische Bühne für das beliebte Ethno-Jazz-Festival Anfang Juli ab. Mit seinen vier Türmen und der zehn Meter hohen Mauer wirkt es uneinnehmbar. Der städtische Brunnen auf dem Platz stammt vom Beginn des 19. Jhs.

Bale 16 ⭐ [C6]

Mittelpunkt des Städtchens ist der monumentale **Palazzo Bembo,** im Mischstil der venezianischen Gotik und Renaissance im 16. Jh. erbaut. Er dient heute als Sitz der italienischen Gemeinde Bales. Falls geöffnet, lohnt ein Blick in die erste Etage, in der historische venezianische Gewänder ausgestellt sind.

Die Altstadt **Kaštel** bildet zwei konzentrische Ringe innerhalb des Palazzo, der somit auch als Stadttor dient; viele Häuser stehen leer oder

sind in Ruinen, und doch vermittelt Bale ein ungemein malerisches Flair. Zudem besitzt es eine weitere Attraktion, die Jazz-Bar **Kamene priče.** Mit Tand, Sperrmüll und Antiquitäten eingerichtet, erstreckt sie sich über mehrere Häuser und Hinterhöfe, ein kurioses Universum, das der leidenschaftliche Jazz-Fan Tomislav Pavleka zusammenhält. **50 Dinge** (25) › **S. 14.** Im neueren Teil Bales beweist das **Multimediacenter Ulika** (Rovinjska 1), wie ambitioniert diese kleine Gemeinde ist. Es präsentiert neben wechselnden Kunstausstellungen auch Dinosaurierfunde, die von der rund 10 km entfernten Küste stammen.

Info

Tourist Info
• Rovinjska 1 | 52211 Bale
Tel. 052 82 42 70
www.bale-valle.hr

Der venezianische Löwe mit Buch und die Sonnenuhr am Palazzo Bembo in Bale

Hotel/Restaurant

La Grisa €€

Eine Übernachtung in dem bezaubernden Altstadthotel sollte man sich gön-
nen, um eine typischen »Bale-Abend«
zu erleben: zuerst Altstadtbummel, dann
Essen im La Grisa, dessen Restaurant zu
den Vorreitern der Boškarin-Küche gehört, und schließlich Ausklang in der
Jazz-Bar Kamene priče.
• Grisa 23 | Bale | Tel. 052 82 45 01
www.la-grisa.com

Nightlife

Kamene priče

Jazz-Bar, urige Kneipe, nette Trattoria –
das Lokal in Bales Altstadt ist von allem
etwas – und Kult.
• Kaštel 57 | Bale | Tel. 052 82 42 35
www.kameneprice.com

Brijuni-Archipel [C7]

Den zum Nationalpark erklärten
Archipel bilden 14 Inseln vor dem
alten Fischerort Fažana › **S. 73**; be-

Größte römische Villa auf Veli Brijun ist die
Villa Maritima aus dem 1. Jh.

sucht werden können allerdings nur
zwei, Veli und Mali Brijun, und
Letztere nur im Rahmen einer Führung. Der 3395 ha große Nationalpark schützt vor allem Unterwas-
serflora und -fauna, die hier weder
Befischung noch intensiver Schiffsverkehr stört, weshalb sie mit großem Artenreichtum begeistert. Nur
Tauchbasen mit spezieller Geneh-
migung dürfen dieses faszinierende
Tauchgebiet anfahren.

Die Inselnatur ist ebenso spannend: dichte Eichenwälder, Mastix-
Sträucher, Stechpalmen und Erd-
beerbäume sind auf Veli Brijun zu
finden, und auch die Vogelwelt birgt
einige rare Spezies wie Nachtigallen,
Habichte, Krabben- und Silberrei-
her, zudem als Staatsgeschenke im-
portierte Tiere wie einen Elefanten,
Antilopen und ein Bergzebra.

Zeugnisse menschlicher Besiede-
lung reichen auf Veli Brijun bis ins
Paläolithikum zurück. In römischer
Ära diente es wohl als luxuriöser
Landsitz, wie die Fundamente einer
der größten *villae rusticae* des adri-
atischen Raumes aus dem 1. Jh. belegen. Byzanz nistete sich mit einem
gut befestigten Castrum ein, dann
folgte Venedig mit einem Kastell in
der Inselmitte. Im 19. Jh. begann
mit österreichischer Dominanz der
Ausbau zur Seefestung zur Siche-
rung des Kriegshafens Pula, und
Ende des 19. Jhs. erwarb der Unternehmer Paul Kupelwieser die Eilande, rottete mithilfe von Robert
Koch die grassierende Malaria aus
und erschloss sie für Landwirtschaft
und Tourismus. Bis zum Ersten
Weltkrieg traf sich die europäische

Haute Volée auf Brijuni, danach ging es bergab und Kupelwieser musste an den italienischen Staat – zwischen den Kriegen die Ordnungsmacht in Istrien und auf den Inseln – verkaufen. 1947 übernahm Jugoslawien das Inselerbe. Langzeitstaatspräsident Tito wählte sie als Sommerresidenz und empfing auf ihnen zahlreiche Staatsgäste, die ihm gelegentlich Tiere aus der Heimat als Gastgeschenke mitbrachten. So entstand der berühmte Safari-Zoo auf Veli Brijun.

Veli Brijun 17 [C7]

Die 5,7 km² große Insel Ist die einzige im Archipel, die man auch individuell besuchen darf. Zu sehen sind die Fundamente der römischen Villa, die byzantinische Burg und das venezianische Kastell, zwei leider meist geschlossene Gotteshäuser mit glagolitischen Inschriften, der Safari-Park sowie eine Tito gewidmete Ausstellung.

Zur touristischen Infrastruktur gehören zwei Hotels, mehrere Restaurants, ein Golfplatz sowie ein Rad- und Golfcartverleih. Über 100 Stationen mit QR-Codes, die Geschichte, Flora und Fauna der Insel erläutern, verlinken Smartphones. Für eine detaillierte Beschreibung der Sehenswürdigkeiten der Insel › **Tour 3, S. 54.**

Fažana 18 [C7]

Das Fischerstädtchen ist Ausgangspunkt der Ausflugsfahrten nach Veli Brijun und in den Sommermonaten recht überlaufen. Ein hübsches Ortsbild, Kiesstrände und

mehrere gute Restaurants lohnen ein paar Stunden oder sogar Tage Aufenthalt.

Info
Nacijonalni park Brijuni
- Brijonska 10 | 52212 Fažana
  Tel. 052 52 58 88 | www.np-brijuni.hr
  50 Dinge ③ › S. 12

Hotels
Istra-Neptun €€€
Das Hotel liegt direkt an der Anlagestelle der Ausflugsschiffe und ist gediegenplüschig eingerichtet. Hier herrscht er noch, der alte sozialistische Geist.
- Veli Brijun | Tel. 052 52 58 88
  www.np-brijuni.hr

Villetta Phasiana €€€
Mit antiken Möbeln geschmackvoll eingerichtete Zimmer und **!** sehr persönlicher Service sind die Pluspunkte des Boutique-Hotels.
- Trg Sv. Kuzme i Damjana 1 | Fažana
  Tel. 052 52 05 58
  www.villetta-phasiana.hr

Restaurants
Es gibt mehrere (Hotel-) Restaurants auf **Veli Brijun** mit mittelmäßiger, teurer Küche. Besser einen Picknickkorb mitnehmen!

Navetta €€
Das Restaurant etwas außerhalb gegenüber dem Camp BI-Village besuchen auch Einheimische; gute Fisch- und Fleischküche, dazu einige vegetarische Gerichte.
- Dragonja 116 | Fažana
  Tel. 098 75 90 33
  www.la-navetta.com

Tauchcenter Hippocampus

Die Tauchschule aus Pula bietet im Sommer von Fažana aus Tauchgänge im Nationalpark an.

- BI Village | Fažana
  www.hippocampus.hr

Pula 19 [C–D7]

Istriens größte Stadt (57 000 Eiw.) ist wirtschaftliches Zentrum, nach wie vor wichtiger Hafen, aber nicht Verwaltungsort der Gespanschaft. Dass es unter römischer Herrschaft bedeutend war, ist dank des – die Altstadt überragenden – Amphitheaters nicht zu übersehen. Antike Zeugnisse gibt es reichlich, doch auch das Pula von heute ist interessant. Neben Rijeka an der Kvarner Bucht ist es die einzige größere Stadt; sie besitzt etwas Industrie und nach wie vor zwei Werften und ist daher gut dafür geeignet, kroatischen Alltag zu schnuppern. Südöstlich der Stadt läuft Istrien in einer von zahlreichen Buchten gegliederten Halbinsel, dem rt Kamenjak › **S. 79,** aus. Premantura, Banjole, Pomer und Medulin sind Zentren dieser Ferienlandschaft.

Pula bzw. das illyrische Nesactium einige Kilometer nordöstlich › **Tour 4, S. 81** war Roms Schlüssel zur Unterwerfung Istriens. Nesactium eroberten sie bereits 177 v. Chr. und trieben von dort ihre Landnahme voran. Pulas Blüte begann mit der Zeitenwende; damals entstand die für eine römische Stadt nötige Infrastruktur: Amphitheater, Tempel, Thermen und Theater. 1145 wurde Pula venezianisch, wehrte sich aber mit Aufständen, sodass der Schutz des Markuslöwen erst im 14. Jh. fest installiert war.

Nach einem kurzen französischen Intermezzo begann 1813 mit den Habsburgern Pulas Karriere als Marinestützpunkt. Werften und ein wahrhaft giganteskes Verteidigungssystem von Fortifikationen, Tunnels, Kanonenstellungen entlang der

Durch den Sergier-Bogen geht es in die Altstadt von Pula

Küste sowie auf den vorgelagerten Inseln (auch auf Mali Brijun) verwandelten die Stadt; die Einwohnerzahl vervielfachte sich. Allein 26 Festungen zählt man heute noch, tief im Wald verborgen oder weithin sichtbar an der Küste.

Amphitheater A 6

Das im 1. Jh. erbaute und hervorragend erhaltene Amphitheater errichteten die Römer außerhalb der Stadtmauern. Seine Ellipse misst 132 m auf 105 m, die Außenmauern bilden zwei übereinander angeordnete Arkadenreihen; eine dritte mit viereckigen Fenstern schließt in 32 m Höhe ab. Etwa 23 000 Zuschauer fanden in der Arena Platz.

In den Kellergewölben sind die Räume zu sehen, in denen die Gladiatoren auf ihren Auftritt warteten. Unterirdische Gänge führten zu den verschiedenen Ein- und Ausgängen. Heute befindet sich in den Gewölben ein **Museum,** das die Traditionen und Techniken des Wein- und Olivenanbaus in der Antike erläutert (www.ami-pula.hr, Juli, Aug. tgl. 8–24, April bis 20, Mai, Juni, Sept. bis 21, Okt. 9–19, Nov.–März bis 17 Uhr). Übrigens plante das Venedig der Renaissance, das Amphitheater ab- und in der Serenissima wieder aufzubauen. Dazu ist es zum Glück nie gekommen.

Entlang der Stadtmauer

Der Doppelbogen des Stadttors **Porta Gemina B** (1. /2. Jh.), durch das die Straße von Pula nach Rijeka verlief, führt in die schattige Parkanlage um das **Archäologische Muse-** um **C**, das seit Jahren wegen Umstrukturierung geschlossen ist. Einen Eindruck von der Sammlung antiker und mittelalterlicher Schätze vermittelt das frei zugängliche **Lapidarium** im Park. Auch ein kleines römisches Theater ist hier noch erhalten. Auf den Straßen Cararinna ulica und Giardini folgt man dem ehemaligen Verlauf der Stadtmauer zum schlichten **Herkulestor D** (47 v. Chr.) und weiter zum repräsentativen **Sergier-Bogen E** (1. Jh.), der mit feinem Reliefschmuck den Eingang in die Altstadt markiert.

Altstadt ★

Gleich hinter dem Sergier-Bogen grüßt eine hagere Gestalt am Café-tisch – die Statue ist eine Reverenz an den irischen Schriftsteller James Joyce (1882–1942), der in dem Gebäude neben dem Café Uliks im Jahr 1905 Englisch unterrichtete (und wenig Gutes über Pula zu sagen wusste). Die **ulica Sergievaca F** durchquert die Altstadt, und kurz vor dem Forum öffnet sich links ein Durchgang zu einem Haus, in dessen Untergeschoss ein fein gearbeitetes und gut erhaltenes **römisches Mosaik** die mythologische Szene »Bestrafung der Dirke« festhält.

Zwei prägende Epochen stehen sich am **Forum G** gegenüber: An der Ostseite das **venezianische Rathaus** (13. Jh.), die Nordseite abschließend der **römische Tempel des Augustus** (Anfang 1. Jh.), ein sehr zierlicher Bau mit sechs korinthischen Säulen und einer kleinen Cella, in der antike Statuen ausgestellt

Pula

0   200 m

Putnička Luka

Kolodvorska ul.
Splitska ul.
Ul. Starih Statuta
Flavijevska ul.
Gradatorska ul.
Ul. Erna Gabriela
Mutlizna ul.
Ul. Nikole Tesle
Ozad Arena
Faverijska ul.
Scalierova ul.
Ul. Alfreda

A Amphitheater

Riva
Ul. Sv. Irena
Amfiteatarska ul.
Scalierova ul.
Ul. Croazia
Ul. Nikole Tesle
Varaždinska ul.

Trg
Oslobođenja

Carrarina ul.

Dubrovačke
bratovštine
Poljana
Svetog
Martina
Mletačka ul.

Riva
Kandelerova ul.
Ul. Castropola
H

Konzula

Kaštel
Ruinen-
feld
C **B**
D
J

Rathaus
Augustus-
tempel
I
Istarska
Epulnova ul.
Zadarska ul.
Ul. Leonarda
da Vincija
Dobničeva ul.

G
Sv. Nikole
Ul. Castropola

De Villeov
uspon
Dobrilska
Ul. Sergijevaca
F
Matka
Zagrebačka ul.
Zagrebačka ul.
Stankovićeva ul.

E
Trg Narodne
revolucije
Anticova ul.
Ul. Caginjle
Ciscuttijeva ul.
Trierska ul.
Ul. Supila Franje
Flanatička ul.

Flaciusova ul.
Dobrilina ul.
Smareglina ul.
Mletačka ul.
Ul. Bartolomea Dei Vitrichi
Ul. Svetog
Mihovila

Arsenalska ul.
Jurja Bobrile
Serliov
platz
Vergerijeva ul.
K Narodni
trg
Ul. Petra Preradovića
Ul. Petra
Preradovića

Biskupova uspon
**Monte
Zaro**
Tartinijeva ul.
Radićeva ul.
Ul. Petra Preradovića
Muttlska ul.

A Amphitheater	**E** Sergier-Bogen	**I** Franziskanerkloster
B Porta Gemina	**F** ulica Sergievaca	**J** Zerostraße
C Archäologisches Museum	**G** Forum	**K** Markthalle
D Herkulestor	**H** Renaissancekathedrale	

sind (April, Okt. tgl. 9–19, Mai, Juni, Sept. bis 21, Juli, Aug. bis 23 Uhr). Das Forum ist der Mittelpunkt der Altstadt, man trifft sich in den Cafés oder verbummelt den Tag auf den Stufen des Augustustempels.

Vom Forum führt die Kandlerova ulica nach Nordosten und passiert die **Renaissancekathedrale** , deren Fundamente wohl noch aus frühchristlicher Zeit stammen. Ein Sarkophag aus dem 3. Jh. bildet ihren Hauptaltar. Der Campanile kam im 17. Jh. hinzu.

Kloster Sv. Franje und Kaštel

Bergauf gehend erreicht man das **Franziskanerkloster** an der ulica Castropola, dessen Kirche den Besucher mit einer romanischen Fassade und einem schlichten gotischen Inneren empfängt; ein harmonischer Kreuzgang schließt an das Gotteshaus an (unregelmäßig geöffnet). Weiter oben thront das 1630 von den Venezianern errichtete **Kastell** (heute Historisches Museum), von dem sich ein weiter Blick über das Pulaer Archipel eröffnet.

Zerostraße

Im Vorfeld des Ersten Weltkrieges und währenddessen legten die Österreicher unter Pula ein über 10 km langes Tunnelsystem an, in dem die Bevölkerung vor Angriffen Schutz suchen sollte.

Ein Teil dieser Tunnels, die bis heute nicht ganz erforscht sind, steht Besuchern zur Besichtigung offen (15. Juni–15. Sept. tgl. 10 bis 22 Uhr).

Aquarium [D7]

Pulas Aquarium im südlichen Vorort Verudela ist auch wegen seiner Architektur sehenswert, denn es residiert im k. u. k. Fort Verudela und ermöglicht deshalb nicht nur einen Blick auf faszinierende Wasserbewohner wie Seepferdchen, Haie oder Rotfeuerfische, sondern auch auf die Architektur der austroungarischen Befestigungslagen (Verudela bb, Tel. 052 38 14 02, www.aquarium.hr, Okt.–März tgl. 10–16, April, Mai bis 18, Juni, Sept. 9–20, Juli, Aug. bis 22 Uhr).

Info

Tourist Info
• Forum 3 | 52100 Pula
  Tel. 52 219 197 | www.pulainfo.hr

Unterkunft

Boutique Hostel Joyce €€
Es gibt nur Zwei- und Dreibettzimmer, die aber modern eingerichtet und sehr sauber sind. Wegen der zentralen Lage etwas laut.

Der Bauch von Pula

Bei so viel Römischem übersieht man ihn leicht: den Markt von Pula in der 1903 eröffneten Halle, deren **!** Konstruktion aus Stahl und Glas im Stil der Wiener Sezession die Fachwelt damals als Meisterwerk der Architektur feierte. Sie beherbergt Obst- und Gemüsehändler, Fleischer und eine Fischabteilung. Am besten kommt man früh am Vormittag, wenn die Auswahl noch groß ist (Narodni trg, tgl. 7–13 Uhr).

- Trg Portarata 2 | Pula
  Tel. 099 3 24 22 24
  http://boutiquehostel-joyce.com

Hotel Scaletta €€
Das sehr angenehm geführte Stadthotel
ist modern und komfortabel und liegt
wenige Schritte vom Amphitheater.
- Flavijevska 26 | Pula
  Tel. 052 52 54 15 99
  www.hotel-scaletta.com

Camping
Camping Stoja €
So stadtnah campt man selten. Der
Platz ist modern und gut ausgestattet.
- Stoja 37 | Pula
  Tel. 052 38 71 44
  www.arenacamps.com

Restaurants
Farabuto €€€
Etwas abseits zaubert Küchenchef
Goran feine, leichte Fischküche mit den
besten regionalen Ingredienzien wie
etwa Olivenöl von Meloto › **S. 79.**
- Sisplac 15 | Pula
  Tel. 052 38 60 74 | www.farabuto.hr

Kantina €€
Das Lokal unweit der Markthalle serviert ganz frischen Fisch und eine Auswahl istrischer Gerichte, die sonst eher
selten auf der Karte stehen.
- Flanatička 16 | Pula
  Tel. 052 21 40 54
  http://kantinapula.com

La Cuxina €€
Die Konoba, angenehm im Grünen und
doch zentral gelegen, hat es sich zur
Aufgabe gemacht, alte istrische Rezepte
zu bewahren.

- Benediktinske opatije 1
  Pula
  Tel. 052 22 55 80

Fresh €
Der Tipp für vegetarische und vegane
Genüsse; allerdings kann man in dem
kleinen Imbiss nicht gemütlich sitzen.
- Anticova 5 | Pula
  Tel. 052 41 88 88

Nightlife
Leuchtende Riesen
Sieben Kräne der Pulaer Werft Uljanik
hat der Lichtdesigner Dean Skira in
Licht-Kunstwerke verwandelt, die zwischen 21 und 24 Uhr zur vollen Stunde
jeweils 15 Min. leuchten.

Club Uljanik
Der traditionsreiche Klub auf dem Werft-
gelände lockt an den Wochenenden
Pulas Jugend zu Elektro-Sounds und
Themenpartys.
- Dobrilina 2 | Pula
  www.clubuljanik.hr

Zeppelin Beach & Lounge Bar
Nach einem Tag am Strand geht der
Spaß in dieser Beach Bar mit DJs und
Cocktails weiter.
- Zlatne Stijene | uvala Saccorgiana
  Pula-Verudela

Ausflüge von Pula

Vodnjan [20] [D6]
Der 62 m hohe Glockenturm der
Kirche Sv. Blaž ist in der ebenen
Landschaft um Vodnjan schon von
Weitem zu sehen. Die Sakristei des
Gotteshauses birgt denn auch die
Hauptattraktion, eine Sammlung

von über 370 Reliquien, zu denen auch die erstaunlich intakt erhaltenen Mumien der Heiligen Leon Bembo, Johannes Olinius und Nicolosa Bursa gehören (Sv. Rok 4, Tel. 52 51 14 20, http://zupavod njan.com, Okt.–Mai, Mo–Fr 8–15, Juni, Sept. Mo–Fr 8–15, Sa 9–13, Juli, Aug. Mo–Fr 8–20, Sa 8–13, 18–20, So 9–13 Uhr).

Shopping
Meloto
Bestes, mehrfach preisgekröntes Olivenöl aus alten, autochthonen Sorten; zur Verkostung bitte tel. anmelden!
• Mlinska 7 | 52215 Vodnjan
Tel. 52 51 10 35
www.meloto.com

Kamenjak 21 [D8]
Die 3,4 km lange Halbinsel erreicht an ihrer schmalsten Stelle eine Breite von 500 m und ist von mehreren Felseilanden umgeben. Wegen der zuverlässig blasenden Winde zählt Kamenjak zu den besten Windsurfrevieren Kroatiens. **50 Dinge** ④ › S. 12. Seit 1996 steht die Halbinsel unter Naturschutz; für Autos gibt es nur an zwei Stellen südlich von Premantura Einfahrtsmöglichkeiten (Maut). Als Lebensraum von über 550 geschützten Pflanzenarten, zu denen zahlreiche Orchideen zählen, erkennt man die karge Halbinsel mit ihrem macchiaähnlichen Bewuchs nicht auf den ersten Blick. Beliebt ist sie bei Rad- und MTB-Fahrern, die an den holperigen Schotterstraßen ihren Spaß haben. Auch Sonnenanbeter kommen gerne, um in einer der vielen Fels- und

Strandleben auf der Halbinsel Kamenjak

Kiesbuchten zu baden. Gleich nach der Einfahrt sind rechterhand nach etwa 500 m Fußweg in den Uferfelsen **Dinosaurierspuren** zu entdecken › **Special S. 29**.

An der Südspitze von Kamenjak hat ein findiger Gastronom die **Safari-Bar** mit Strandgut, Sperrmüll und Strohschirmen eingerichtet, ein beliebter Ort zu jeder Tageszeit.

Hotel
Villa Elizabeta €€
Ideal als Standort für Aktivitäten und Strände am Kap Kamenjak. Einfache, aber geschmackvoll eingerichtete Apartments, umgeben von üppigem Grün.
• Indije 73 | 52100 Banjole
Tel. 052 57 32 09
www.villa-elizabeta.com

Aktivitäten
Windsurfstation
Surfkurse, Kajaktouren und Ausrüstungsverleih.
• 52100 Premantura
Kamenjak/Školjić-Bucht
Tel. 098 44 09 77
www.windsurfstation.com

OSTKÜSTE & INNERISTRIEN

Kleine Inspiration

- **Den Blick vom Glockenturm in Labin weit schweifen lassen** über Istrien, die Küste und die Insel Cres › S. 86
- **Im Kajak durch die Bucht von Rabac paddeln** von Strand zu Strand › S. 88
- **Das Bergstädtchen Roč erkunden** auf der Suche nach glagolitischen Inschriften › S. 94
- **Olivenöl verkosten** im Motovuner Restaurant Kaštel und dabei lernen, wie es richtig geht › S. 97

Steilküste, Bergstädtchen wie Adlerhorste, tiefblaue Fjord-Buchten und verschwiegene Strände verleihen Istriens Osten einen raueren, wilderen Charakter – doch auch hier locken irdische Genüsse!

Istriens Ostküste ist rauer und dramatischer als die Küste im Westen. Steil wachsen Berge aus dem Meer, schmale Buchten fressen sich tief ins Land, und die wenigen Orte liegen ein gutes Stück landeinwärts. Blickt man nach Osten, steht die gebirgige Silhouette der Insel Cres im Meer. So mancher schöner Kiesstrand verbirgt sich in einer nur schwer zugänglichen Bucht. In Inneristrien bilden die vielen Bergstädtchen graue Steintupfer über silbrig glänzenden Olivenhainen, grünen Weinreben und dichten Wäldern, in denen kostbare Trüffel gedeihen. Genießen und aktiv sein stehen hier an erster Stelle. Winzer, Olivenbauern, rustikale Konobas und elegante Restaurants sind zuständig für Ersteres; kurvenreiche, schmale Straßen und Schotterwege begeistern MTB-Fahrer und den Puls beschleunigende Abenteuerangebote wie die ZIP-Line in Pazin geben den richtigen Adrenalinkick.

Touren in der Region

Unbekannte Buchten

Route: Medulin › Nesactium › Luka Krnica › Barban › Trget/Raša-Bucht › Ravni › Labin › Rabac › Bucht von Plomin

Karte: Seite 85
Länge/Dauer: 130 km, 1 Tag
Praktische Hinweise:
• Packen Sie Badesachen und v. a. Badeschuhe ein – die Buchten sind durchwegs »wild« und nicht mittels Beton oder Leitern »gezähmt«.

Rabac mit seinem Stadtstrand Maslinica

Tour-Start:
Auf Nebenstraßen führt diese Tour zu den tiefen Fjorden von Raša und Plomin und zu weiteren schönen Badebuchten an der Ostküste. Ausgangspunkt ist der Ferienort **Medulin [D8]**, der ja selbst nicht mit Stränden geizt, wie etwa dem **!** 1 km langen Bijeca-Strand. Zunächst taucht die Tour in die frühe Geschichte der Region ein und besucht nach Norden und am Flughafen von Pula vorbeiführend **Nesactium [D7]** (tgl. 9–12, Okt.–März auch 14–17, April, Mai, Sept., 15–19, Juni–Aug. 16–20 Uhr). 177 v. Chr. eroberten die Römer die illyrische Hauptstadt Istriens, zerstörten sie und bauten sie als römische Stadt

Bei den Ritterspielen im Mittelalterstädtchen Barban

wieder auf. Die Fundamente von Häusern und Tempeln sind gut erhalten. Ein Stück zurück zum Ort Valtura und erneut den Flughafen passierend fährt man dann auf der D 66 in Richtung Barban, biegt aber in Prodol rechts ab nach Krnica und zu dessen Hafen **Luka Krnica** [E6] am tief eingeschnittenen Meeresarm von Raša. Eine idyllische, enge Bucht, ein paar Ferienhäuser, Fischerboote und Jachten vor der Kulisse mit Macchia bewachsener Felsküste – eine »private« Kiesbucht ist hier schnell gefunden, und nach dem Sprung ins glasklare Wasser könnte man auf der Terrasse des K Ribaru und mit dessen frischem Fisch eigentlich den restlichen Tag vertrödeln (Tel. 052 55 62 45, €).

Aber es warten weitere Buchten, und zunächst auf gleichem Weg zur D66 zurückkehrend und ihr nach Nordosten folgend das Mittelalterstädtchen **Barban** **3** › **S. 87,** dessen Ritterspiele Ende August viele Zuschauer anlocken. Erneut südwärts und zurück an der Raša-Bucht, diesmal aber an ihrer nordöstlichen Küste, lohnt **Trget** [E6] einen Besuch: Durch das Flusstal der Raša fährt man durch eine menschenleere, von einigen Hügeln akzentuierte Landschaft aufs Meer zu, passiert verfallene Industrieanlagen und große Holzlager und erreicht schließlich den Verladehafen Raša.

Danach ändert sich die Szenerie, und Trget mit seinen Bootsanlegern und der Konoba Martin Pescador

(Trget 20, Tel. 052 54 49 76, €€) erscheint ungemein malerisch. Auch hier ist es kein Problem, einen Badeplatz zu finden, doch weitere Strände warten!

Nach Norden fahrend breiten sich unterhalb von **Sv. Marina, Drenje** und **Ravni** [E6] herrliche Felsbuchten aus – übrigens schätzen Windsurfer hier die guten Windverhältnisse! Zurück in die istrische Geschichte entführt ein Abstecher in das auf einem steilen Hügel erbaute **Labin** 1 › S. 86 mit seinen schönen Palazzi. Und in **Rabac** 4 › S. 88 herrscht quirliges Strandleben, doch die nächste tiefe Bucht ist nicht weit: 15 km sind es noch zum Hafen **Plomin luka** [E/F5], der dank der unübersehbaren Anlage eines Kohlekraftwerks zwar nicht allzu viel Reizvolles an sich hat, aber der tiefe Meeresarm fasziniert durch das türkise Blau seines Wassers, in dem sich die grün bewachsenen Hänge spiegeln. Da man hier nicht baden sollte – das Wasser des Kraftwerks gelangt in die Bucht –, zum Abschluss ein schöner Aussichtspunkt: Zurück bergauf in das Städtchen **Plomin** [F5], dessen Altstadt durchaus einen kleinen Rundgang lohnt, und 4 km weiter auf der D 66 in Richtung Opatija erlaubt eine Terrasse (*vidikovac*) einen tollen Blick auf die fjordartige Bucht. Wer in Plomin übernachten möchte: Das Hotel Flanona mit dem unschlagbaren Blick auf die Insel Cres ist schon länger als Restaurant ein viel besuchter Ort (Plomin bb, 52234 Plomin, Tel. 052 86 44 26, www.hotel-flanona.com.hr, €€).

Genießen in Inneristrien

Route: **Motovun** › **Livade** › **Ipši** › **Istarske toplice** › **Sovinjsko polje** › **Vrh** › **Paladini** › **Kašćerga** › **Beram** › **Kaldir** › **Motovun**

Karte: Seite 85
Länge/Dauer: 67 km, 1 Tag
Praktische Hinweise:
- Für die Genusstour durch die fruchtbare inneristrische Landschaft benötigen Sie ein eigenes Fahrzeug. Konditionsstarke Radfahrer können sie ebenfalls befahren.
- Wegen der Weinverkostung vorab klären, wer nüchtern bleibt und fährt! Die Verkostungen telefonisch anmelden!

Tour-Start

Start ist im Bergstädtchen **Motovun** 13 › S. 96, von dem sich die Straße in weiten Kurven hinabschlängelt ins Mirna-Tal, die Brücke überquert und weiter nach **Livade** 14 › S. 98 führt. Hier dreht sich alles um schwarze und weiße Trüffel, die Sie in der Enoteka Zigante kosten und kaufen können. Sie kehren nicht auf die Hauptstraße zurück, sondern folgen der kleinen Straße vorbei an Golubići bis zur Abzweigung nach links in Richtung Ipši. Steil geht es 1,5 km durch terrassierte Olivenpflanzungen bergauf bis zum Hof von Klaudio Ipša, der eines der besten Olivenöle Istriens produziert und Gäste nach telefonischer Voranmeldung auch gern

Die Felswand von Istarske toplice

verkosten lässt (Ipši 10, 52427 Livade, Tel. 052 66 40 10, www.ipsamaslinovaulja.hr).

Auf gleichem Weg kehrt man zurück und weiter zur Straße 44, die dem Lauf der Mirna durch den **Motovuner Wald** › S. 98 nach **Istarske toplice** 8 › S. 94 folgt. Häufig sind hier Trüffeljäger mit ihren Hunden zu sehen, und in den Felsen um das Thermalbad hängen fast immer Freeclimber. Über **Sovinjak** [D3] fahren Sie auf der Landstraße bis Sovinjsko polje, wo die Konoba Toklarija mit istrischen Spezialitäten die Mittagspause versüßt. Das Slow-Food-Restaurant war einer der Vorreiter istrischer Gourmetküche (Sovinjsko polje 11, 52420 Sovinjak, Tel. 091 9 26 67 69, Di geschl., €€€).

Alternativ geht es 7 km bergauf ins 397 m hoch gelegene Dorf **Vrh** [D3] mit der Konoba Vrh (Tel. 052 66 71 23, www.vrh.com.hr, Mo geschl., €€), die ebenfalls gut kocht, aber nicht so prominent und teuer ist. Übrigens: *Vrh* heißt Gipfel, und von diesem hier blickt man, so erzählen die Einheimischen, an klaren Tagen bis zu den Alpen.

Über Paladini passieren Sie den **Butoniga-Stausee** [D3] und fahren durch fruchtbares Bauernland über Kašćerga nach Süden zur D 48 und links bis **Beram** 6 › S. 92. In Sv. Marija na Škriljinah erwartet Sie ein Freskenfeuerwerk.

Der Weiler **Kaldir** [D3] ist das nächste Ziel, zu dem Sie von der D48 wieder auf die Regionalstraße zurückkehren und dort dann in Richtung Motovun nach Norden fahren. Hier keltern die Benvenuti, eine der innovativsten Winzerfamilien Istriens, hoch gelobte Malvasia Istriana, Teran und Muscat (Kaldir 7, Motovun, Tel. 052 69 13 22, www.benvenutivina.com). Motovun, Ausgangspunkt und Ziel der Tour, ist hier schon in Sicht und 7 km weiter erreicht. Auf der Fahrt entlang der Mirna sollte man Ausschau halten nach Störchen und Reihern, die an den Ufern nach Nahrung suchen.

Touren an der Ostküste & in Inneristrien

Tour 4
Unbekannte Buchten

Tour 5
Genießen in Inneristrien

Unterwegs in der Region

Labin 🔢 [E5]

Die alte, 300 m hoch gelegene Bergbaustadt (7000 Einw.) bildet mit dem unten am Meer angesiedelten Raba die größte Siedlung an der Ostküste der Gespanschaft Istrien. Der bereits im 4. Jh. v. Chr. bewohnte Ort fiel 177 v. Chr. an Rom und machte das in Istrien übliche Wechselspiel fremder Mächte mit – bis 1813 Österreich-Ungarn übernahm und den Kohlebergbau im Berg unter der Stadt förderte. Seit Mitte der 1970er-Jahre sind die Bergwerke geschlossen.

Vom Titov trg mit einer eleganten Loggia (16. Jh.) und einer im 17. Jh. errichteten, runden Bastion führt das Tor vrata sv. Flora in die **Altstadt** ⭐. **50 Dinge** 🔢 › **S. 15.** Dahinter führt die ulica 1. Maja teils steil und unbetreppt, teils über Stufen bergauf, links und rechts gesäumt von historischen Palazzi in warmen Pastelltönen. Wo sie sich weitet, wendet die im Kern romanische Kirche **Rođenja Marije** (Mariä Geburt) ihre Renaissancefassade mit feiner Rosette und einem Markuslöwenrelief dem Platz zu. Auch die barocke Ausstattung ist sehenswert. Daneben, im eleganten, mit Löwenköpfen geschmückten **Palazzo Battiala-Lazzarini** (17. Jh.) zeigt das **Museum Narodni muzej** Funde aus dem römischen Albona und interessante ethnografische Exponate aus der Region. Höhepunkt ist ein nachgebautes Bergwerk, dass die Industriegeschichte beleuchtet (ulica 1. Maja 6, Okt.–April Mo–Fr 7–14, Sommer Mo–Sa 10–13, Mai, Sept. 17–19, Juli, Aug. 18–20 Uhr).

Weiter die ulica Mate Poldrugovca bergauf und links in die Rike Milevoja erreicht man den einsam stehenden, 33 m hohen **Glockenturm** der im 10. Jh. errichteten, jetzt in Ruinen liegenden Kirche sv. Justa. Die Besteigung des Turms lohnt sich unbedingt (Sommer tgl. 9–14, 15–19 Uhr). Nach links weitergehend führt die ul Martinuzzi wieder bergab. Besonders schöne Paläste wie jene der Familien Negri und Mancini sind hier zu finden, außerdem die **palača Franković**, in der eine kleine Ausstellung an Matthias Flavius (1520–1575) erinnert, ein Mitstreiter Martin Luthers (Sommer Mo–Sa 10–13 Uhr). In dieser Gasse sind auch einige interessante Galerien angesiedelt; während des Festivals **Labin Art Republika** (www. labin-art-republika.com) stellen von etwa Anfang Juli bis Ende August auch Künstler aus anderen Städten in Labins Altstadt aus.

Info

Tourist Info
• Titov trg 2/1 | 52220 Labin
  Tel. 052 85 23 99
  www.rabac-labin.com

Unterkunft

B&B Kvarner €€
Die Zimmer sind recht einfach und etwas antiquiert, dafür haben sie nach

In der sehr sehenswerten Altstadt von Labin geht es zum Teil steil bergauf

vorne aber einen fantastischen Ausblick.
Das Restaurant (€€) bietet gute istrische und mediterrane Küche.
• Šetalište S. Marco | Labin
  Tel. 052 85 23 36
  www.kvarnerlabin.com

Restaurant
Pizzeria Fianona €
Eine der besten Pizzerien im Ostteil
Istriens verbirgt sich in einem Vorort
von Labin.
• Presika 37a | Labin
  Tel. 052 85 21 11

Nightlife
Design Café
Lounge-Atmosphäre inmitten des
historischen Labins.
• Zelenice 7 | Labin | Tel. 098 62 51 47

Shopping
Enoteka Terra
Riesenauswahl an Ölen, Weinen und
anderen feinen Dingen aus der Region.
• Titov trg 10 | Labin
  Tel. 052 85 22 61

Ausflüge von Labin

Raša **2** [E5]
Istriens jüngste Stadt 5 km westlich
von Labin entstand in den 1930er-
Jahren für die Bergleute in den
Kohleminen. Architektonisch interessant ist die Kirche der Stadt,
deren Glockenturm einer Berg-
werkslampe nachempfunden ist,
während das Kirchendach an einen
umgedrehten Stollenwagen erinnern soll.

Barban **3** [E6]
Ein Stadttor von 1718 führt auf den
Hauptplatz von Barban mit der
reich und barock ausgestatteten
Kirche Sv. Nikola. Doch Barbans ei-
gentliches Kapital ist nicht sein
Ortsbild, sondern die Traditions-
verbundenheit, mit der das Städtchen am dritten Augustwochenende das **Ritterspiel** *Trka na
prstenac* (ein Ringstechen auf Pfer-
den, das seit 1696 überliefert ist)
zelebriert (http://tz-barban.hr).

Rabac 4 [E5]

Von dem einstigen Fischerdorf an der schmalen, tiefen Bucht ist kaum noch etwas zu erahnen, denn Rabac ist fest im Griff von Hotels und Restaurants, die sich an der üppig mit Pinien und Zypressen bewachsenen Küste entlang den **Kies- und Felsstränden** aufreihen.

Zu den attraktivsten zählen der lebhafte Maslinica direkt im Ort, der von schattigem Wald umgebene Lanterna ein Stück nach Süden und Girandella Beach eine Bucht weiter. Mehrere Buchten zwischen den größeren Stränden hat die FKK-Gemeinde für sich erobert.

Info

Tourist Info
• Aldo Negri 20 | 52221 Rabac
  Tel. 052 85 55 60
  www.istria-rabac.hr

Hotel

Valamar Sanfior €€€
Das moderne Hotel an der Rabac-Bucht steht für komfortablen Urlaub mit guter Hotelküche, schönem Strand und besonderem Service für Radfahrer.
• Rabac bb | Rabac
  Tel. 052 46 50 00
  www.valamar.com

Restaurants

Nostromo €€€
Eine ebenso feine wie alt eingesessene Adresse, berühmt für die Fischgerichte. Es gibt auch Gästezimmer.
• Obala maršala Tita 7 | Rabac
  Tel. 052 87 26 01
  www.nostromo.hr

Villa Annette €€€
Das Restaurant des Boutique-Hotels wird hoch gelobt; die Küche basiert auf traditionellen Rezepten – dazu der Blick … unbedingt reservieren!
• Raška 27 | Rabac
  Tel. 052 88 42 22
  www.villa-annette.com

Nightlife

Im Sommer ist in den Beach Klubs und auf den Hotelterrassen von Rabac immer etwas los.

Aktivitäten

Four Elements
Der Rabacer Veranstalter bietet geführte Wanderungen und Radtouren an. Besonders toll sind die halbtägigen Erkundungstouren im Sea-Kayak um die buchtenreiche Küste.
• Istarska 4 | Rabac
  Tel. 091 5 91 40 49
  www.fourelements.com.hr

Pazin 5 [D4]

Moderne Wohnblöcke und Zementindustrie gestalten die Annäherung an Pazin (4500 Einw.), den Sitz des istrischen Regionalparlamentes, nicht gerade attraktiv. Ziel ist die Altstadt Stari Pazin rund um die auf einem Felsen 150 m über der Fojba-Schlucht thronenden Burg.

Pazins Geschichte unterscheidet sich von jener der küstennahen Regionen Istriens. Es blieb, abgesehen vom napoleonischen Intermezzo zu Beginn des 19. Jhs., bis 1918 unter der Herrschaft fränkischer Feudalherren und in der Nachfolge des Habsburger Reichs.

Altstadt

Schmale Gassen mäandern um die seit dem 10. Jh. bezeugte **Burg,** die ihre heutige wuchtige Gestalt im 16. Jh. erhielt. Als nicht mehr Verteidigung im Vordergrund stand, durchbrach man die Brüstungen mit Fenstern und schliff im 19. Jh. den Turm. In der Burg präsentiert das **Ethnografische Museum** eine spannende Ausstellung der Volkskultur (trg Istarskog razvoda 1, Mitte April–Juni, Sept.–Mitte Okt. Di bis So 10–18, Juli, Aug. tgl. 10–18, Mitte Okt.–Mitte April, Di, Mi, Do 10–15, Fr 11–16, Sa, So 10–16 Uhr).

Fojba-Schlucht

Vom Vorplatz der Burg kann man einen Blick in die **Fojba-Schlucht** werfen. Rund 100 m unter den Burgmauern klafft ein schwarzer Schlund, in den der Fluss Pazinčica hineingischtet, mehrere hintereinanderliegende Seen bildet und dann seinen Weg durch die Unterwelt antritt. Der Franzose E. A. Martel war 1893 einer der ersten Speläologen, die versuchten, dieses Phänomen zu erforschen; man ist bis heute nicht

Blick in die Fojba-Schlucht

wesentlich über die Seen hinausgekommen: Der Flusslauf dahinter zwängt sich durch zu enges Gestein.

Der Burg gegenüber, am Hotel Lovac, beginnt ein **Lehrpfad,** der durch Buchen- und Flaumeichenwald mit dichtem Farnbewuchs rund 1300 m bis fast hinunter zum Schlund führt. Die Höhle **Pazinska jama** kann man nur nach vorheriger Anmeldung und mit einem erfahrenen Führer der *Speleološko društvo »Istra«,* dem Höhlenforschungsverein »Istrien« besuchen (www.central-istria.com/de/aktivnosti-activities/speleoavantura).

Flucht aus dem Kastell

Obwohl der französischer Schriftsteller Jules Verne (1828–1905) nie in Istrien war, hat er das Paziner Kastell und die darunter liegende Höhle erstaunlich präzise in seinem 1895 erschienenen Roman »Mathias Sandorf« beschrieben. Der ungarische Graf Mathias Sandorf ist in der Burg von Pazin interniert, flieht durch das Fenster aus der Zelle und seilt sich bis zur Pazinčica ab. Dann lässt er sich vom Fluss unterirdisch davontragen und kommt im Limski kanal › **S. 69** wieder ans Tageslicht. Als Grundlage für diese Szene nutzte Verne eine Reisebeschreibung von Charles Yriarte und Fotografien, die er sich vom Paziner Bürgermeister Giuseppe Cech von Kastell und Schlucht schicken ließ.

Istrische Fresken erzählen

Über 140 Kirchen und Kapellen mit Fresken haben Fachleute in Istrien verzeichnet. Von manchen der zwischen dem 11. und 16. Jh. angefertigten Bilder sind nur noch Fragmente vorhanden; andere breiten komplette Themenzyklen wie Christi Geburt, Leben, Leiden und Auferstehung aus. Kaum einer der Kirchgänger im Mittelalter konnte lesen, also sollten ihm die Bilder an den Wänden die Heilsgeschichte und die drohenden Strafen verdeutlichen. Ihren Höhepunkt erlebte die Freskenmalerei im 15. Jh. In diesem Zeitraum traten zwei Künstler bzw. deren Werkstätten besonders in Erscheinung: Vincent von Kastav (Sv. Marija na Škriljinah bei Beram › S. 92, 1474) und Janez aus Kastav (Kirche Sv. Trojica in Hrastovlje › S. 59, Slowenien, 1490).

Die beiden genannten Gotteshäuser waren ihre Meisterwerke; Spuren haben sie aber auch in anderen Kirchen hinterlassen.

Symbolik und Anordnung der Bilder aus dem 11. Jh. erinnern stark an byzantinische Vorbilder mit Christus als Weltenherrscher in der Apsis und den zwölf Aposteln darunter. Später setzte sich ein eigener, naiv-gotischer Stil durch. In fast allen Gotteshäusern sind bestimmte Wände jeweils eigenen Themen zugeordnet. Das Jüngste Gericht mit den drastisch ausgemalten Bestrafungen im Höllenfeuer beispielsweise schmückt meist die Westwand, also die Stelle, durch die das Volk nach der Messe die Kirche verließ – und die Drohungen dabei plastisch vor Augen hatte. Christus und der Gottesmutter gehörten die

Apsis gegenüber. Für das mehrmals vorkommende Motiv des Totentanzes war die Nordseite des Kirchenraums vorgesehen. Auf einigen Fresken sind die biblischen Szenen vor istrischem Landschaftshintergrund abgebildet.

Neben der berühmtesten Kirche bei Beram › **S. 92** lohnt es sich, einen Blick in weniger bekannte Gotteshäuser zu werfen. Die meisten sind allerdings verschlossen. Den Schlüssel verwahrt häufig ein Nachbar. Wenn man danach fragen möchte: Schlüssel heißt *ključ*, Kirche *crkva. Ključ za crkvo molim* bedeutet, etwas geradebrecht, »bitte den Schlüssel für die Kirche«.

Im Schatten des mächtigen Kastells wirkt die Kirche **Cerkev Sv. Duha** in Bale › **S. 71** (Bembo 7) völlig unauffällig. Das kleine, im 15. Jh. erbaute Gotteshaus malte ein Meister Albert aus Konstanz (Bodensee) in einem besonders floralen, gotischen Stil aus, dessen Detailfülle den Betrachter immer neue Elemente entdecken lässt. An der Decke sehen wir Maria und Josef vorbei an einer mittelalterlichen Burg und entlang von Zypressenalleen durch mediterrane Landschaft reiten. Die Apsiswand schmückt eine in Istrien eher seltene Darstellung des »Gnadenstuhls«. Die Kirche sollte tagsüber geöffnet sein; wenn nicht, kann man in der Pfarrei nachfragen (Tel. 052 82 40 80).

Einer der ältesten erhaltenen Freskenzyklen Istriens im byzantinisch-präromanischen Stil ist in **Sv. Agata** unweit der Ruinenstadt Dvigrad › **S. 70** zu besichtigen.

Das Kirchlein selbst wurde im 11. Jh. errichtet und ist etwa 2 km nordöstlich von Kanfanar [D5] an der Straße nach Barat zu finden. Die Ausmalung der Apsis zeigt die zwölf Apostel in identischer Haltung und mit gleichem Gesicht, darüber verläuft ein Schmuckfries mit geometrischem Muster, und über diesem ist Christus ganz in byzantinischer Tradition als Weltenherrscher und eingerahmt von Maria und Johannes zu sehen (Schlüssel im Pfarrbüro in Kanfanar, Tel. 052 82 51 15).

Besuchenswert sind außerdem **Sv. Martin** aus dem 11. Jh. (Sv. Lovreč [C5], 14 km südöstlich von Poreč, Pfarramt Tel. 052 44 81 72), **Sv. Barnabas** mit einem Jüngsten Gericht und Höllenszenen an der Westwand aus dem 14./15. Jh. (in Vižinada [C3], Pfarramt Tel. 052 44 61 20) und **Sv. Antun** aus dem 14. Jh., mit einer sensationellen Krönung Mariens an der Apsis (Žminj [D5] bei Kanfanar, Pfarramt Tel. 052 84 60 01).

Fresko mit Höllenszene in Sv. Barnabas

Info

Tourist Info
- Ul. Franine i Jurine 14 | 52000 Pazin
  Tel. 052 62 24 60
  www.central-istria.com

Hotel

Lovac €
Einfacher Komfort in Pazins einzigem
Hotel, aber der Blick aus dem hotel-
eigenen Restaurant ist einmalig.
- Ul. Šime Kurelića 4 | Pazin
  Tel. 052 62 43 24
  www.hotel-lovac.com.hr

Restaurant

Agroturizam Ograde €€
Auf dem Ferienbauernhof 10 km südlich
von Pazin gibt es istrische Spezialitäten:
etwa die Gemüsesuppe *maneštra*.
- Lindarski katun 60 | Pazin
  Tel. 052 69 30 35
  http://agroturizam-ograde.hr

Nightlife

Buffet Bunker
Jugend- und Szenetreff in der Altstadt
mit einer hübschen, weinumrankten
Terrasse und abends oft mit Livemusik.
- Ul. Franine i Jurine 15 | Pazin
  Tel. 052 61 66 76

Shopping

Jeden 1. Dienstag im Monat findet in
der Šetalište pazinske gimnazije einer
❗ der größten traditionellen Wochen-
märkte Istriens statt, der von Einheimischen aus nah und fern besucht wird.

Aktivitäten

ZIP Line Pazin
Adrenalin pur: Die ZIP-Line verläuft
kreuz und quer über der Paziner

Schlucht; man wählt die Streckenlänge
und rast dann bestens gesichert über
den Abgrund. **50 Dinge** ① › **S. 12.**
- Šime Kurelića 4 | Pazin
  Tel. 091 5 43 77 18
  www.central-istria.com/de/zipline

Sv. Marija na Škriljinah bei Beram

6 [D4]

Rund 1,5 km nördlich des Dorfes
Beram ist in stiller Umgebung ein
sakrales Meisterwerk zu besichtigen: Die Maria geweihte Friedhofskirche birgt einzigartige Fresken, in
denen der Maler Vinzent von Kastav Mitte des 15. Jhs. zusammen mit
zwei unbekannten Kollegen neben
christlichen Glaubensinhalten auch
Szenen des istrischen Alltags festge-
halten hat. Im Mittelpunkt steht der
»Totentanz«, bei dem Menschen jeden Alters, Geschlechts und jeden
Standes mit Gevatter Tod einen Reigen tanzen. Darunter sehen wir
links Adam und Eva sowie rechts
ein Glücksrad. Sowohl in der Klei-
dung der Tanzenden als auch in vielen anderen Szenen dieses Fresken-
zyklus' spiegeln sich Tracht und
Landschaften Istriens. **50 Dinge** ㉗
› **S. 15.** (Schlüssel beim Buffet Freske
oder in Haus Nr. 38, um eine Spen-
de wird gebeten)

Restaurant

Konoba Vela Vrata €
Rustikale istrische Küche aus frischen,
regionalen Zutaten im Ort gegenüber
der Pfarrkirche.
- Beram 39 | Tel. 052 62 28 01

In Buzet finden sich noch Reste der venezianischen Stadtmauer

Buzet 7 [D3]

Istriens Trüffelhauptstadt (1700
Einw.) erhebt sich ganz klassisch auf
einem 150 m hohen Hügel über die
Wälder des Mirna-Tals, in denen
die aromatische Knolle ihrer Entde-
ckung entgegenreift. In Istrien sind
es übrigens Hunde, die die Trüffel
erschnüffeln, und so hört man um
Buzet häufig Gebell und Gejaule der
meist in Zwingern gehaltenen
»Trüffeljäger«. **50 Dinge** ② › **S. 12.**

Die aus einer bronzezeitlichen
Siedlung gewachsene Stadt fiel, an-
ders als Pazin, 1412 an Venedig,
weshalb der Markuslöwe die im
Rokokostil errichtete **Zisterne** am
Hauptplatz der Altstadt schmückt.
Aus venezianischer Zeit sind auch
noch Reste der Stadtmauer und
zwei Stadttore, **Mala** (klein) und
Vela (groß) **vrata** erhalten.

Zahlreiche zwischen dem 16.
und 18. Jh. erbaute Palazzi wie Palazzo Bembo und Palazzo Bigatto
schmücken die Altstadt. In letzte-

rem zeigt das **Volkskundemuseum
Zavičajni muzej** u. a. drei historica-
rische Werkstätten, die das traditionelle
Gewerbe repräsentieren: Kamm-
werkstatt, Schmiede und Bäckerei
(Ulica rašporskih kapetana 5, Tel.
052 66 27 92, Mo–Fr 9–15 Uhr).

Info
Tourist Info
• Šetalište Vladimira Gortana 9
52420 Buzet
Tel. 052 66 23 43 | www.tz-buzet.hr

Hotel
Vela Vrata €€
Elegantes Boutiquehotel am Stadttor.
• Šetalište Vladimira Gortana 7 | Buzet
Tel. 052 49 47 50 | www.velavrata.net

Restaurants
Old River €€
An der Straße von Buzet nach Motovun
im schattigen Mirna-Tal: bodenständige
istrische Küche und angenehme Terrasse.
• Most Bračana 70 | Buzet
Tel. 091 6 62 11 11

Stara Oštarija €€

Die gesamte Speisekarte steht im Zeichen des Trüffels, sogar Süßspeisen bekommen etwas von der wunderbaren Knolle ab. Am besten man wählt das Menü.

- Petra Flega 5 | Buzet
  Tel. 052 69 40 03
  Di geschl.

Shopping

Destilerija AurA

Hier reifen istrische Brandys der Vollendung entgegen, darunter Exoten aus Teran-Wein und Kräutern oder aus Oliven und Bittermandeln – wer sich anmeldet, kann an einer Führung durch die Destillerie teilnehmen. **50 Dinge** (36) › S. 16.

- 2. Istarske brigade 2/1 | Buzet
  Tel. 091 2 69 42 51
  www.aura.hr

Natura Tartufi

Der Besuch lohnt alleine schon wegen des schicken Verkostungsraums und weil man die »Trüffeljäger«, die Hunde, manchmal zu Gesicht bekommt. Exzellente Trüffel, frisch oder konserviert, und diverse Trüffelprodukte.

- Srnegla 21 | Mala Huba-Buzet
  Tel. 052 55 40 57
  www.naturatartufi.com

Aktivitäten

Camp Raspadalica €

Der einfache Campingplatz für max. 30 Personen auf der Ćićarija-Hochebene dient in erster Linie als Startplatz für Paraglider. Auch Tandem-Flüge mit erfahrenen Piloten werden angeboten.

- Raspadalica/Ćićarija | Buzet
  Tel. 098 9 24 73 00
  www.raspadalica.com

Ausflug nach Istarske toplice 8 [D3]

Immer an der Mirna entlang nach Westen duckt sich 10 km von Buzet das Thermalbad Istarske toplice unter eine nahezu senkrechte, 85 m hohe Felswand. Umgeben vom berühmten Trüffelwald von Motovun › S. 98 fühlt man sich hier wie am Ende der Welt. 1807 wurde die heilkräftige Wirkung der Quellen entdeckt; knapp 100 Jahre später ein Thermalbad errichtet, das trotz Modernisierung immer noch recht altmodisch wirkt (www.istarske-toplice.hr). Gar nicht altmodisch sind die Kletterer in den Felsen nordöstlich des Thermalbads. Der Spot gilt als einer der besten Istriens.

Roč 9 [E3]

Das Städtchen (150 Einw.) war ein bedeutendes Zentrum der glagolitischen Kultur: Von hier und aus dem Jahr 1483 stammt der erste in altkroatischer Kirchenschrift gedruckte **Missale Romanum Glagolitice.**

Durch die noch gut erhaltene venezianische Stadtmauer führt das Tor **Vela vrata** in den Altstadtkern mit der romanischen Kapelle **Sv. Rok,** deren Apsis Fresken aus dem 14. und 15. Jh. mit Aposteldarstellungen schmücken. Wertvollstes Objekt der Kirche **Sv. Antun** (12. Jh.) ist das **glagolitische Abecedarium,** das um 1200 in Fresken von Weihekreuzen an der Südwand der Kirche eingeritzt wurde und aus 34 Zeichen besteht.

Beim Bummel durch die von Steinhäusern gesäumten Gassen lassen sich viele interessante architektonische Details wie etwa säulengestützte Vorhallen, aber auch moderne Skulpturen entdecken, die sich v. a. auf Musik beziehen. Roč ist ja nicht nur Glagolica-Stadt, sondern Veranstaltungsort eines Festivals der Harmonikaspieler › S. 40.

Glagolitische Allee

Die 7 km lange Allee der Glagoliter führt als von Skulpturen gesäumter Fußweg von Roč in das südlich gelegene Hum › unten. Zwischen 1977 und 1985 bearbeiteten kroatische Künstler dafür zehn Steinmonumente, die in Form oder Gestaltung an glagolitische Buchstaben, Persönlichkeiten oder Ereignisse erinnern. Auch ohne diesen kulturellen Hintergrund ist es ein schöner Spaziergang in das Nachbarstädtchen, der am Bronzetor von Hum endet.

Unterkunft

Hostel Roč €
Einfaches Hostel neben der Bar Sara; hübscher Garten, Bolder Area.
• Roč 8/1 | Tel. 091 5 95 73 31

Hum 10 ⭐ [E3]

Die »kleinste Stadt der Welt« hatte zu ihrer Blütezeit deutlich mehr als ihre jetzigen rund 20 Einw. Auch sie galt als Zentrum der Glagolica, was u. a. Inschriften in der romanischen Friedhofskirche **Sv. Jeronim** belegen; wenn sie geöffnet ist, lohnt auch ein Blick auf die Fresken im byzantinischen Stil. Eine Kastanienallee führt

zum **Stadttor** aus dem 11./12. Jh. mit modernem Bronzeportal und einem kleinen Lapidarium voller Stelen (ebenfalls mit glagolitischen Inschriften). Links beherrscht die neubarocke Pfarrkirche den Platz, ihr gegenüber birgt die **venezianische Loggia** den Steintisch, an dem in venezianischer Zeit die Ratsherren alle wichtigen Belange der Stadt verhandelten und entschieden.

1997 hat man einen alten Brauch wiederaufgenommen und wählt seitdem alljährlich den Bürgermeister mit einer ungewöhnlichen Methode: Für jeden Kandidaten liegt ein Kerbholz bereit, in das die Wahlberechtigten ihre »Stimme« schnitzen.

Restaurant

Humska Konoba €€
Das berühmte Gasthaus schenkt eine lokale Spezialität aus: *humska biska,* Schnaps aus Trester, Mistel und Kräutern.
• Hum 2 | Tel. 052 66 00 05
www.hum.hr

Ansicht des Ministädtchens Hum vom Friedhof aus

Shopping

Kuča Biske

Schnäpse von AurA und anderen istrischen Produzenten.

• Hum | www.aura.hr/de/hum

Draguč 11 ⭐ [E3]

Der Ort (52 Einw.) klammert sich malerisch und lang gezogen an den Kamm seines 360 m hohen Hügels. Draguč ist ein Zentrum spätmittelalterlicher **Freskenmalerei**, die sich weniger durch Feinheit, sondern durch bäuerlich-naive Darstellung auszeichnet. Ungewöhnlich an der Friedhofskirche **Sv. Elizej** ist bereits der in abwechselnd gesetztem, zweifarbigem Stein ausgeführte Bau. Die Fresken stammen vom Ende des 13. Jhs. und zeigen in kräftigen Farben Szenen aus dem Leben Jesu. In **Sv. Rok** hat Antonius von Padua alle Wände mit farbenfrohen Bildern geschmückt, deren Motive jenen in der Marienkirche von Beram › **S. 92** ähneln. Beide Gotteshäuser sind verschlossen; den Schlüssel bewahrt Frau Zora Paćelat in Haus Nr. 21 (unter Tel. 052 66 51 86 anmelden).

Kotli 12 [E3]

Ein plätscherndes Flüsschen und eine alte Mühle laden dazu ein, eine Picknickdecke auszubreiten und in den Gumpen des Flussbetts zu plantschen. Hier beginnt die Mirna ihren Weg durch Istrien zur Mündung südlich von Novigrad › **S. 57**. Das Dorf ist verlassen, doch einige der alten Steinhäuser wurden zu schicken Ferienapartments ausgebaut.

Motovun 13 ⭐ 8 [C/D3]

Von seinem 277 m hohen Hügel über dem Mirna-Tal blickt der Besucher von Motovun (500 Einw.) weit über das Land. **50 Dinge** 7 › **S. 12**. Im Gegensatz zum nahen Künstlerort Grožnjan › **S. 61**, in dem kaum Einheimische wohnen, ist Motovun eine normale istrische Gemeinde, deren Bewohner von der Landwirtschaft und zunehmend auch vom Tourismus leben. Mit dem Auto kann man bis zum Friedhof hinauffahren; von dort führt die ul. Vladimira Gortana bergauf durch das Viertel Gradiziol zum unteren Tor.

Stadtmauer

Zwei Mauerringe bilden Verteidigungswälle um die Altstadt und das zwischen dem 14. und 17. Jh. entstandene untere Viertel. Der äußere Ring entstand im 16./17. Jh., der innere zu Beginn des 14. Jhs., als Venedig die Herrschaft übernommen hatte. Durch ein imposantes, mit Familienwappen und dem Markuslöwen geschmücktes **Stadttor**, dessen Durchgang auch als Lapidarium dient, gelangt man in den Bereich zwischen den beiden Wällen, den heute Restaurants und Cafés als Aussichtsterrasse mit weitem Blick über das Mirna-Tal nutzen. Auffallend sind die von romanischen Biforienfenstern durchbrochene Fassade des **Palazzo Communale** und die **Loggia** an der Stadtmauer (17. Jh.). Ein Stück bergauf erlaubt das obere Tor (14. Jh.) den Zugang zum Kaštel.

Der zinnenbewehrte Campanile der Kirche Sv. Stjepan in Motovun

Platz trg Andrea Antico

Umschlossen von der Stadtmauer aus dem 14. Jh. reihen sich um den großzügigen, mit Bäumen bestandenen Platz am höchsten Punkt des Ortes mehrere historische Bauten aneinander: Der quadratische und von Zinnen gekrönte **Campanile** der Kirche **Sv. Stjepan** steht bereits seit dem 13. Jh.; die Pläne für das Gotteshaus (17. Jh.) sollen von Andrea Palladio stammen. Wer den wackeligen Aufstieg auf den Glockenturm wagt, den belohnt bei klarer Sicht der Blick bis zum Meer.

Der Kirche gegenüber glänzt der **Palazzo Podesta** mit einer harmonischen Renaissancefassade. Der **Palazzo Polesini** beherbergt heute Hotelgäste. Vom Platz gelangt man auf den **inneren Mauerring** und kann die Altstadt auf ihm umrunden; immer neue, schöne Panoramen, Einblicke in das Innenleben des Stadtkörpers und eine Grünanlage, in der man eine Pause einlegen kann, gestalten den Spaziergang kurzweilig und abwechslungsreich.

Info

Tourist Info
• Trg Andrea Antico 1 | 52424 Motovun
  Tel. 052 68 17 26 | www.tz-motovun.hr

Unterkunft

B&B Villa Borgo €€
Hübsche Frühstückspension; traumhafte Terrasse mit Istrien-Panorama.
• Borgo 4 | Motovun | Tel. 052 68 17 08
  www.villaborgo.com

Kaštel €€
Sehr romantisch und mit allem modernen Komfort inkl. Spa ausgestattet, wohnt man hier im Herzen der Altstadt. Im sehr guten Restaurant kann man auch Olivenöl verkosten.
• Trg Andrea Antico 7 | Motovun
  Tel. 052 681607
  www.hotel-kastel-motovun.hr

Restaurants

Agroturizam Tončić €€
Der etwa 15 km von Motovun entfernte Betrieb serviert wunderbare istrische Kost und bietet dazu eine Terrasse mit Traumblick über Istrien. Versuchen Sie

selten angebotene Spezialitäten wie
vratina (Schweinenacken).
• Čabarnica 42 | Zrenj | Tel. 052 64 41 46
www.agroturizam-toncic.com
Nur Fr–So geöffnet

Pod Voltom €€
Hier wird deftig gekocht.
• Trg Josefa Ressela 6 | Motovun
Tel. 052 68 19 23 | Mi geschl.

Livade 14 [C/D3]

Der unscheinbare Ort am Fuß des
Motovuner Hügels ist Zentrum der
Trüffelindustrie, denn von hier lenkt
Trüffelpapst Giancarlo Zigante sein

SEITENBLICK

Die Parenzana-Bahn
1902 dampfte erstmals die Parenzana-Bahn auf ihrer Schmalspur von
Triest über Koper, Buje, Motovun
nach Grožnjan und weiter bis Poreč.
Für die 122 km lange Strecke benö-
tigten die Züge knapp 7 Std. Fahrt-
zeit. Dies war auf die zahlreichen
Kurven (604) zurückzuführen, mit denen die Bahn die extremen Steigun-
gen bewältigte – vom tiefsten Punkt
2 m ü.d.M. klettert die Trasse auf bis
zu 293 m Höhe hinauf. Dass dieses
Projekt nicht rentabel war, liegt auf
der Hand; 1935 haben die Italiener
es eingestellt. Heute zählt die aufge-
lassene Bahnstrecke als Parenzana zu
den beliebtesten Radwegen Istriens.
50 Dinge ㉑ › S. 14. Sie verläuft
allerdings auf teils sehr holperigen
Wegen und ist nur für Mountainbikes
geeignet (www.bahntrassenrad
wege.de) 50 Dinge ㊻ › S. 17.

Imperium. Sein Feinschmeckerres-
taurant lockt Gourmets aus aller
Herren Länder nach Livade, und im
angeschlossenen Laden kann man
sich mit allem ausstatten, um übers
Jahr getrüffelte Speisen zu goutie-
ren. 50 Dinge ㉟ › S. 16.

Restaurants
Zigante €€€
Pflichtbesuch für Trüffelfans.
• Livade 7 | Tel. 052 66 43 02
www.restaurantzigante.com

Konoba Dorjana €€
Rustikaler und urtümlicher als Zigante,
aber ebenfalls mit guten Trüffelgerichten.
• Livade 4a | Tel. 052 66 40 93
Mi geschl.

Motovuner Wald [D3]

Fundort der kostbaren weißen Trüffel ist das regelmäßig vom Mirna-
Fluss überschwemmte Waldgebiet
zwischen Motovun und Istarske toplice › S. 94, das sich von herkömm-
lichem Karstwald deutlich unterscheidet: Stieleichen, Eschen und
Feldulmen bilden die Waldgesell-
schaft, der Wilder Wein, Clematis,
Efeu und Hopfen einen urwaldarti-
gen Charakter verleihen. 1963 kam
das Gebiet unter Naturschutz, und
Giancarlo Zigantes 1999 entdeckter
Riesentrüffel (1,31 kg) machte den
Wald weltberühmt. Wer in den frühen Morgenstunden durch den
Wald fährt, begegnet allenthalben
Trüffelsuchern mit ihren Hunden.

Landschaft um Crikvenica mit Blick
auf die Insel Krk

namigen Bucht, die früher berühmt war für den Thunfischfang. Leider beeinträchtigen Industrieanlagen einer Raffinerie und des Hafens von Rijeka die an sich sehr malerische Szenerie um das Städtchen. Die Straße umrundet die Bucht und erreicht 15 km weiter den Badeort **Jadranovo** 10 › S. 118, vor dem die Insel Krk im Meer liegt. Ein kleiner Kiesstrand lädt zum Bad mit Blick auf die unwirkliche Mondlandschaft der von der Bora kahl geschmirgelten Ostküste des Eilands. **Dramalj [H4]** heißt der nächste Badeort, der nahezu nahtlos übergeht ins Seebad **Crikvenica** 11 › S. 118 mit dem berühmtesten Sandstrand der Region. Zwar besteht er eher aus feinem Kies, doch auch das ist im Kvarner selten und einen Badestopp wert. Danach ein Bummel über die Promenade, vorbei an historischen Hotels und Villen, die hier nicht so überrenoviert sind wie in Opatija, und weiter geht's an der Küste entlang über **Selce** 12 › S. 119 nach **Novi Vinodolski** 13 › S. 119. Hier lohnt ein Abstecher auf kurvenreicher Straße 9 km bergauf zum Aussichtspunkt **Ledenice** ⭐ [J5]: Vor Ihren Augen reihen sich die Inseln des Kvarner Golfs auf, im Süden steigt die Wand des Velebit-Gebirges empor, und nach Osten sieht man in das Bergland der Velika Kapela.

Zurück an der Küste ist die Uskokenstadt **Senj** 14 › S. 120 mit der imposanten Burg Nehaj Endpunkt der Küstentour. Wer sich für den Schutz der seltenen Gänsegeier interessiert, kann noch 13 km weiterfahren zum **Geierzentrum Grifon** › S. 121.

Zur Kupa-Quelle im Risnjak-Nationalpark

Route: Razloge › Kupa-Quelle › Kupari › Kupa-Brücke › Razloge

Karte: Seite 104
Länge/Dauer: 13 km, ca. 4 Std.
Praktische Hinweise:
• Für die leichte Wanderung benötigen Sie stabile Wanderschuhe und Sonnenschutz; nehmen Sie ausreichend Wasser und Proviant mit – unterwegs gibt es keine Versorgungsmöglichkeit.

Tour-Start:

Start ist im Weiler **Razloge [J2]** im nordöstlichen Teil des Nationalparks, 12 km nördlich von Črni lug, dem Sitz der Nationalparkverwaltung. Am nördlichen Ortsausgang weist ein Holzschild nach links zum *Izvor kupe,* der Kupa-Quelle. Steil geht es eine halbe Stunde 200 Höhenmeter bergab in das Kupa-Tal, eines der schönsten Täler des Nationalparks. Die aus den Tiefen des Karstes emporsprudelnde **Quelle der Kupa** ⭐ bildet einen kleinen, türkisfarbenen See im Buchenwald.

Bei der Quelle handelt es sich um eine Vaucluse-Quelle, wie das Hinweisschild informiert, also einen Quelltopf, durch den das Wasser aus dem Untergrund nach oben sprudelt, das aber nicht konstant, sondern abhängig von Schneeschmelze oder Regen. Die Kupa ist eine sehr starke Quelle; ihr Ausstoß liegt bei mindestens 1,2 m³/Sekunde, kann aber auch stolze 144 m³ erreichen. Entsprechend breit und gut gefüllt macht sich der Fluss auf den Weg gen Norden. Das Wasser hat eine Temperatur von 7 °C. Geht man rund 100 m nach links, kann man den Quelltopf im Wasser deutlich erkennen.

Der Wanderweg folgt der Kupa linksseitig flussabwärts, teils als Waldpfad, teils auf Stufen bergauf und bergab geführt. Buchen bilden nach wie vor die Waldvegetation, dichter Farn- und Moosbewuchs im Unterholz entlang der Flussaue verleiht dem Tal eine fast märchenhafte Stimmung – mit Schmetterlingen, die über den Blüten tanzen. Von Westen gesellen sich immer wieder Bäche dem Kupa-Lauf hinzu. Etwa 4 km nach der Quelle trifft man auf kleine Dörfer, **Gornje Kupari** und **Srednji Kupari** bestehen aus einigen wenigen mit Holz verschalten Häusern im Wald. Weiter der Kupa folgend durchquert man 1,5 km weiter **Donje Kupari** und muss hier darauf achten, an der Kupa zu bleiben – ein Wanderweg zweigt nach Nordwesten ab. Die Vegetation wird noch dichter, und 2 km weiter stößt man auf eine Asphaltstraße. Hier ist die **Grenze zu Slowenien** erreicht – man überquert den Fluss auf der Straßenbrücke und schwenkt ca. 100 m weiter in eine asphaltierte Forststraße ein, die unspektakulär zurück nach Razloge führt, die letzten beiden Kilometer wieder 200 Höhenmeter bergauf.

Touren i. d. Kvarner Bucht

Tour ⑥
Auf der Franz-Joseph-Promenade
Lovran › Ika › Ičići › Opatija › Volosko

Unterwegs in der Region

Mošćenice [F4]

Die ursprünglich liburnische Wehr-
siedlung in 172 m Höhe zeigt sich
heute noch gesichert durch die mittelalterliche Anlage der Häuser, deren Rückseiten dicht an dicht in einem äußeren Kreis errichtet das
Verteidigungssystem für den Ort
bilden. Ein Tor führt hinein in ein
Labyrinth von Gassen und Trep-
penaufgängen rund um die Kirche
Sv. Andrija, die hinter barockem Ge-
wand ihre präromanischen Wurzeln
verbirgt. Der Blick vom Vorplatz auf
die Küste und die Insel Cres ist einmalig und lohnt auch zu Fuß den
mühevollen Aufstieg über 750 Stufen vom Badeort **Mošćenička Draga** 1 [F4]. Ein teils betonierter, teils
aus Kies bestehender Strand, einige
Hotels und Apartmenthäuser sowie

empfehlenswerte Restaurants machen den Reiz des Urlaubsortes aus.

Info
Tourist Info
• A. Slatina 7 | 51417Mošćenička Draga
  Tel. 051 73 91 66
  www.tz-moscenicka.hr

Hotel
Remisens Hotel Mediteran €€
Angenehmes Haus der gehobenen
Mittelklasse nah am Strand.
• Trg Slobode 1 | Mošćenička Draga
  Tel. 051 71 04 44
  www.remisens.com

Restaurant
Tu Tamo €€
In luftiger Höhe unterhalb Mošćenices
verbinden sich Aussicht und istrische
Küche zu einem Erlebnis für alle Sinne.

Das schöne Seebad Lovran zwischen Učka-Gebirge und Meer

• Mošćenice 50 | Mošćenička Draga
Tel. 051 73 72 33
www.konoba-tutamo.hr

NP Učka **2** [F3–5]

Das Učka-Gebirge erstreckt sich ab der Bucht von Plomin entlang der istrischen Ostküste nordwärts bis Rijeka und erreicht mit dem **Vojak** (1401 m) [F4] seinen höchsten Punkt. Ein Teil des dank des besonderen Klimas dicht bewaldeten Bergzugs wurde 1999 zum Naturpark erklärt. Buchen, die in Kontinentaleuropa nur bis Höhen um 800 m wachsen, kommen hier bis in die Gipfelbereiche vor. Auch viele seltene und endemische Pflanzen sind zu finden. Von der Küste führen mehrere Wanderwege auf den Vojak-Gipfel, die einige Kondition erfordern (3–4 Std.). Einfacher ist er vom **Poklon-Sattel** (922 m) aus zu erreichen, der von der Küste über das Učka-Massiv nach Inneristrien führt. Von dort sind es auf Forststraßen rund 1,25 Std. zum Gipfel (weiß-rote Markierung). An klaren Tagen sieht man die vier Kvarner Inseln vor sich im Meer, und nach Nordwesten kann man die schneebedeckten Dolomiten erkennen. Der Gipfel mit dem Aussichtsturm ist ein beliebter Startpunkt für Drachenflieger und Paraglider.

Markante, von der Erosion geschaffene Felsnadeln prägen die Schlucht **Vela Draga** **3** ⭐ [F3], zu der vom Parkplatz nach dem Učka-Tunnel, der zweiten Verbindung zwischen Küste und Inneristrien, ein kurzer Lehrpfad führt (600 m).

Wie von einem Aussichtsbalkon blickt man hinunter in die von dichter Macchia überwucherte Schlucht, aus der die weißen Nadeln der Kalksteinfelsen ragen. Hinunter führt ein kurzer, steiler, ungesicherter Weg.

Lovran **4** ⭐ [F3/4]

Lovor, Lorbeer, ist Namensgeber des Städtchens (4000 Einw.), dessen Zentrum sich zwischen Učka und Meer quetscht und von der viel befahrenen Hauptstraße durchschnitten ist. Am Hafen dümpeln Fischerboote neben Jachten, Restaurants besetzen mit ihren Tischen die Piers. Jenseits der Durchgangsstraße Šetalište maršala Tita ballt sich die teils noch von Mauern umgebene Altstadt um den malerischen Hauptplatz trg Sv. Jurija.

Altstadt

Gleich am Hafen steht Lovrans älteste Kirche **Sv. Trojstva** (13. Jh.) mit Flechtwerkornamenten am Portal und interessanten Fresken im (zumeist verschlossenen) Inneren. Das **Stubica** genannte Tor führt in die Altstadt Stari grad und zum Hauptplatz mit der in Ursprüngen romanischen, im 17./18. barockisierten Kirche **Sv. Juraj.** Das Netzgewölbe im Chor ist vollständig mit Fresken aus dem 15. Jh. bemalt. Neben Vincent von Kastav war auch ein anonymer »Meister der Farben« tätig.

Der Kirche gegenüber fallen zwei Häuser ins Auge: zum einen das mit einem Holzrelief des hl. Georg geschmückte ehemalige Rathaus und daneben ein auf 1720 datiertes Haus mit dem **Mustaćon** im Portikus: Der stilisierte Kopf eines schnauzbärtigen Orientalen soll schlechte Einflüsse abwehren.

In Richtung trg Slobode gehend passiert man den wuchtigen, quadratischen **Turm Kaštel** der einstigen Stadtbefestigung, in dem heute eine Kunstgalerie Platz gefunden hat.

Villen

Lovran war um die Wende vom 19. zum 20. Jh. einer der bevorzugten Luftkurorte der Habsburger Society, deren Erbe prachtvolle Hotels und Villen lebendig halten. Entweder entlang der Durchgangsstraße Šetalište maršala Tita oder unten auf der Meerespromenade, die vom Hafen ins 12 km entfernte Opatija und weiter nach Volosko führt, passiert man ein prächtiges Anwesen nach dem anderen – die meisten heute vorbildlich restauriert. Die drei schönsten **Jugendstil-Villen** ⭐ verbergen sich in großzügigen Gartenanlagen am nördlichen Stadtrand an der ulica Viktora Cara Emina: Der Wiener Architekt Carl Seidl (1858–1936) ließ **Villa Santa Maria, Villa Frappart** und **Villa San Niccolo** (heute Villa Magnolia › S. 109) in einem von der floralen Gotik inspiriertem Jugendstil erbauen, mit Biforienfenstern, Mosaiken und Renaissancearkaden schmücken und mit parkähnlichen Gärten umgeben.

Folgt man der Uferpromenade, gesellen sich weitere Beispiele am früher Villen Strasse genannten Uferweg dazu › Tour 6, S. 101.

Info

Tourist Info
• Trg slobode 1 | 51415 Lovran
  Tel. 051 29 17 40 | www.tz-lovran.hr

Unterkunft

Villa Elsa €€€
Komfortable Apartments mit Küche in einer Gründerzeitvilla mit Park und herrlichem Blick auf die Bucht.

Holzrelief des Mustaćon gegenüber der Kirche Sv. Juraj in der Altstadt von Lovran

- Šetalište maršala Tita 44
  Lovran
  Tel. 051 71 04 44
  www.remisens.com

Villa Eugenia €€€
Das 1910 erbaute Jugendstil-Prunkstück
ist recht zurückhaltend und kühl, aber
komfortabel eingerichtet. Im Restaurant
glückt die Verbindung von Alt und Neu.
- Šetalište maršala Tita 34 | Lovran
  Tel. 051 29 48 00
  www.villa-eugenia.com

Villa Magnolia €€
Hier wohnen sie sehr nostalgisch und
ohne modernes Facelifting in einer der
drei von Carl Seidl erbauten Villen.
- Ulica Viktora Cara Emina 3 | Lovran
  Tel. 051 29 48 97
  www.villa-magnolia.info

Hostel Link €
Selbst Lovrans Hostel hat sich in einem
Bau der Jahrhundertwende breit ge-
macht und erfreut mit farbenfroh ge-
stalteten Zwei- und Dreibettzimmern.
- Šetalište maršala Tita 9
  Lovran
  Tel. 051 20 20 90
  www.linkhostel.com

Restaurants
Draga di Lovrana €€€
Das regelmäßig vom Gault & Millau
ausgezeichnete Restaurant ist nicht
nur wegen der topfrischen Fischküche,
sondern auch wegen der grandiosen
Aussicht eine Wucht.
- Lovranska Draga 1
  Lovran
  Tel. 051 29 41 66
  www.dragadilovrana.hr

Najade €€€
Beliebt bei der kroatischen Politpromi-
nenz wegen der gleichbleibend guten
Fischküche und der schönen Lage direkt
am Meer.
- Šetalište maršala Tita 60 | Lovran
  Tel. 051 29 18 66

Štanger €€
Auch hier begeistert die Kombination
von herrlicher Lage und guter Küche.
- Šetalište maršala Tita 128 | Lovran
  Tel. 051 29 11 54
  www.pansion-stanger.com

Nightlife
Hemingway Beach Medveja
Die Beach Bar am Kiesstrand von
Medveja, 3,5 km südlich von Lovran,
macht in den Sommermonaten die
Nacht zum Tage.
- Medveja | Tel. 051 71 88 02
  http://hemingway.hr

Ika/Ičići 5 [F3]

Die beiden Badeorte 2 bzw. 3,5 km
nördlich von Lovran breiten sich
jeweils an hübschen Kiesbuchten
aus, die allerdings unter dem Lärm
der Küstenstraße leiden. Auch hier
sind einige Villen vom Beginn des
20. Jhs. zu bewundern.

Hotel/Restaurant
Villa Schubert €€
Das familiäre Hotel am Strand von Ika
besitzt auch ein nettes Restaurant. Unbedingt Zimmer mit Meerblick buchen.
- Primorska 16
  51414 Ika
  Tel. 051 29 17 77
  www.hotel-schubert.eu

Opatija 6 ★ [F3]

Opatijas k. u. k. Nostalgie lässt sich kaum überbieten: Villen und Hotels in allen Stilrichtungen der Wende vom 19. zum 20. Jh., eine Uferpromenade – die Franz-Joseph-Promenade › S. 100 – und Johann-Strauss-Konzerte im Kristallsaal des Hotels Kvarner. Und als reichte das nicht: Zweimal im Jahr fährt ein historischer Sonderzug mit gut betuchten Urlaubsgästen von Wien kommend am Bahnhof Matulj ein. Fehlt nur noch, dass die Besucher Tournüre und Zylinder tragen.

Die touristische Karriere von Opatija (11 500 Einw.) bzw. (in gut österreichisch) Abbazia begann 1843 mit dem Rijeker Unternehmer Iginio Scarpa. Er ließ unweit einer Benediktinerabtei aus dem 15. Jh. die Villa Angiolina errichten und einen Park anlegen, in den er exotische Gewächse aus aller Herren Länder pflanzte. Diese Villa war bald Mittelpunkt des gesellschaftlichen Lebens des austroungarischen Adels, sodass bereits im Jahr 1872 eine Eisenbahnverbindung mit Wien bestand. 1882 kaufte Friedrich Schüler Villa Angiolina und Park für die Südbahngesellschaft und eröffnete 1884 das erste Hotel, heute Hotel Kvarner Amalia. Bis zum Ende der Habsburger Herrschaft zeigte sich an der »österreichischen Riviera« wer auch immer Rang und Namen hatte; und das Kaiserpaar Franz Joseph und Gemahlin Elisabeth soll sogar in Abbazia diverse und so gar nicht standesgemäße Amouren ausgelebt haben.

Villa Angiolina

Noch immer ist der Park der Villa mit seinen seltenen Pflanzen wie Bananen, Magnolien, Kamelien, Libanonzedern und Fächerpalmen und den sorgfältig arrangierten Blumenrabatten eine große Attraktion. In die mit illusionistischen Fresken geschmückte Villa ist Opatijas **Tourismus-Museum** eingezogen, das mit historischen Fotografien und Erinnerungsstücken die alte Zeit wiederaufleben lässt (Sommer 10–22, Winter bis 18 Uhr). Am Meer blickt das »Mädchen mit der Möwe« des Bildhauers Zvonko Car (1913 bis 1982) aufs Wasser hinaus. Nach Westen passiert man das die Promenade beherrschende Hotel Kvarner Amalia und erreicht dann die Kirche **Sv. Jakov** (15. Jh.). Der einzig noch erhaltene Bau des Benediktinerklosters ist aber meist geschlossen.

Volosko

Das ehemalige Fischerdorf 2 km nördlich ist längst ein Vorort von Opatija und kulinarisches Aushängeschild der Stadt. Um das malerische Hafenbecken scharen sich mehrere Fischrestaurants, und auch in den steil bergauf führenden Gassen lassen sich Entdeckungen machen. Am angenehmsten erreicht man Volosko auf der Franz-Joseph-Promenade zu Fuß › **Tour 6, S. 101**. Von Opatija verkehren Busse.

Info

Tourist Info
- Ul. Vladimira Nazora 3 | 51410 Opatija Tel. 051 27 17 10
  http://visitopatija.com

Hotels

Bevanda €€€

Das Designhotel lässt keine Wünsche offen. Alle Zimmer haben Blick zum Meer, das Restaurant kocht sterneverdächtig.

- Zert 8 | Opatija
  Tel. 051 49 38 88 | www.bevanda.hr

Remisens Premium Hotel Kvarner €€€

Das älteste Haus am Platz ist ein perfekter Hort der Nostalgie. Adults only!

- Ul. Pava Tomašića 2 | Opatija
  Tel. 051 71 04 44
  www.remisens.com

Restaurants

Villa Ariston €€€

Im alteingesessenen Hotelrestaurant weht ein frischer Wind: Küchenchef Robert Benzia zaubert feinste Adria-Fischküche.

- Cesta maršala Tita 179 | Opatija
  Tel. 051 27 13 79 | www.villa-ariston.hr

Casa Tua €€

Schicker Italiener mit guter mediterraner Küche und kleiner Terrasse.

- Zert 2 | Opatija | Tel. 051 71 23 33

Konoba Valle Losca €€

Eine urige Konoba mit herzhaften Speisen wie Schinken- und Wurstplatte oder *orzotto,* ein Gerstenrisotto.

- Andrije Štangera 2 | Opatija-Volosko
  Tel. 095 5 80 37 57 | So–Di geschl.

Stancija Kovačići €€

Im ländlichen Restaurant in Matulj oberhalb von Opatija bezaubert Vinko Frlan mit einer Küche zwischen bäuerlicher Tradition und kosmopolitischer Raffinesse.

Blumenrabatte im Park der Villa Angiolina

- Rukavac 51 | Matulj
  Tel. 051 27 21 06
  www.stancija-kovacici.hr
  Außer Juli, Aug. Di geschl.

Nightlife

Café Wagner im Hotel Milenij

Ein Kaffeehaus in bester Wiener Tradition mit köstlichen Torten und offen bis Mitternacht.

- Cesta maršala Tita 109 | Opatija
  Tel. 051 27 80 16
  www.hotelmilenijopatija.com

Monokini

Mit hipper Einrichtung, Lounge-Musik und Internetcafé der Jugendtreff in Opatija.

- Cesta maršala Tita 96 | Opatija
  Tel. 051 71 84 41

Shopping

Manufaktura

Neben Öl, Wein, Schinken, Käse und Schnaps bekommen Sie hier auch Naturkosmetik aus heimischen Produkten.

- Cesta maršala Tita 112 | Opatija
  Tel. 051 21 05 00
  www.manufaktura-souvenirs.com

Ausflug nach Kastav 7 ⭐ [F/G3]

Die mit Mauern befestigte Stadt (10 000 Einw.) liegt 378 m hoch über dem Kvarner Golf und zählt zu den reizvollsten Wehrsiedlungen an diesem Teil der Küste. Der im 13. Jh. gegründete Ort stand die meiste Zeit unter Habsburger Herrschaft, zwischen 1630 und 1773 allerdings gehörte er den Jesuiten.

Vorbei an der **Aussichtsterrasse Fortica** und der **Loggia** von 1571, eine der größten in Istrien und Kvarner, führt die Hauptstraße auf das **Stadttor Voltica** zu (von 1769, mit den Wappen der Jesuiten geschmückt). Gleich dahinter breitet das **Volksmuseum** die Geschichte der Stadt in Dokumenten und Bildern aus (Ivana iz Kastva 1, 1. bis 15. Juni, Di, Fr 9.30–13, 15. Juni bis Sept., Mi, Fr, Sa, So 17–21 Uhr).

Weiter bergauf markiert der trg Lokvina das Stadtzentrum mit der Kirche **Sv. Trojica** und dem **Kaštel** (beide 14./15. Jh.). In der Kirche, die meist verschlossen ist, wurde eine sehr alte glagolitische Inschrift (1438) entdeckt. Den höchsten Punkt von Kastav krönt die barocke Pfarrkirche **Sv. Jelene Križavice**, von der sich ein konkurrenzlos schönes Küsten- und Inselpanorama eröffnet. Weit ins Hinterland blickt man von der Ruine der Kirche **Sv. Marijina Uznesenja**. Das Mitte des 18. Jhs. angestoßene Bauprojekt der Jesuiten scheiterte angeblich, weil eine Frau sie wegen ihrer Unduldsamkeit verflucht hatte.

Hotel/Restaurant
Kukuriku €€€
Das Kukuriku zählt seit Jahren zu den besten Feinschmeckeradressen in der Region. Schwerpunkt ist Fisch – der Koch serviert, was an dem Tag ganz frisch zu bekommen ist. Gleichnamiges Boutique-Hotel mit 15 unterschiedlich gestalteten Zimmern.
• Trg Lokvina 3 | Kastav
Tel. 051 69 15 19 | www.kukuriku.hr

Rijeka 8 [G3]

Einen Hauch urbanen Flairs schnuppern Besucher der lebhaften Hafenstadt (128 000 Einw.) am nördlichsten Punkt der Kvarner Bucht, deren Name im Kroatischen wie im Italienischen (Fiume) Fluss bedeutet. Für die Donaumonarchie war Fiume einer der wichtigsten Häfen an der Adria; in die Geschichtsbücher gingen die Jahre 1919–1921 ein, als der italienische Dichter und Nationalist Gabriele D'Annunzio (1863–1938) mit einigen Getreuen Rijeka besetzte und eine freie Republik ausrief, die der Übernahme Istriens durch Italien das Feld bereitete. Nach Kroatiens Unabhängigkeit knüpften Österreich und Ungarn an die alte Seeverbindung an und richteten in Rijeka jeweils einen Freihafen ein. Heute ist Rijeka als Sitz der kroatischen Schifffahrtsgesellschaft Jadrolinija der Verkehrsknotenpunkt für Fährverbindungen entlang der kroatischen Küste nach Süden und nach Italien (www.jadrolinija.hr).

2020 wird es den Titel einer Kulturhauptstadt Europas tragen.

Ansicht von Rijekas Hafen

Altstadt

Vom Jadranski trg durchquert der **Korzo** als Fußgängerzone Rijekas Altstadt von West nach Ost und teilt sie so in die im 19. Jh. entstandene Neustadt südlich und das historische Rijeka nördlich, das sich auf den Fundamenten eines römischen Kastells entwickelte. Der **Gradski toranj** Ⓐ ist ein im 15. Jh. errichteter und im 18. Jh. barockisierter Torturm mit Uhr, kaiserlichem Wappen und den Reliefs der Kaiser Leopold und Karl VI. Am Koblerov trg steht das barock überformte, ehemalige Rathaus. Von hier führt der Torbogen **Stara vrata** auf den trg Julija Klovića, den teilrekonstruierten ehemaligen **Forumsplatz** Ⓑ des römischen Castrums Tarsatica.

Nordöstlich am Platz Grivica erhebt sich die **Kathedrale Sv. Vida** Ⓒ, ab 1638 von den Jesuiten nach dem Vorbild von Sta. Maria delle Grazie in Venedig als barocke Rotunde erbaut. Den üppig barocken Altar schützt ein frühgotisches Kruzifix,

mit dem eine Rijeker Legende verbunden ist: Als ein vom Glück verlassener Spieler wütend einen Stein auf das Kreuz warf, habe es angefangen zu bluten.

Seefahrtsmuseum und Glagolica

Eine Hafenstadt braucht natürlich ein Seefahrtsmuseum: Rijekas **Pomorski i povijesni muzej** Ⓓ in einem Neorenaissancebau am Muzejski trg zeigt eine imposante Sammlung von Exponaten – vom Logbuch bis zu fantastischen Modellen – rund um das Thema »kroatische Küstengewässer« und widmet sich auch dem Torpedo, der 1866 in Rijeka erfunden wurde. Da es aber zugleich als **historisches Museum** fungiert, sind hier auch Ausstellungsstücke aus allen Siedlungsepochen der Stadt zusammengestellt (Muzejski trg 1, http://ppmhp.hr, Mo 9–16, Di–Sa bis 20, So 16–20 Uhr). Über die ul. Frana Supila nach Süden erreicht man die **Universitätsbibliothek** Ⓔ

mit einer interessanten Ausstellung zur altkroatischen Kirchenschrift Glagolica (Dolac 1, www.svkri.uniri.hr, nur nach Voranmeldung), passiert dann den trg Riječke rezolucije mit barocker Dominikanerkirche und dem Neorenaissancepalast Municipij und trifft schließlich auf der Uferpromenade Riva.

Hafen und Markt

Die Kaianlagen werden nach wie vor von den Jadrolinija-Fähren genutzt; der Frachtverkehr hat sich aber nach Süden ins moderne Hafengelände verlagert. Inzwischen ist hier einer der Ausgeh-Hotspots von Rijeka mit Restaurants, Cafés und Bars. Entlang des **Molo Longo ⏿**, des 1707 m langen Wellenbrechers, ist der allabendliche Corso manchmal lebhafter als entlang der Korzo genannten Einkaufsstraße. Die neugotische, in zweifarbigem Stein aufgemauerte Fassade der Kirche **Gospe Lurdske ⏿** (1929) überstrahlt den Hafen von ihrer erhöhten Position im Westen; nach Osten schließt die Riva Boduli das Viertel rund um die **Markthallen Velika tržnica ⏿** ★ ab, die Ende des 19. Jhs. im Stil der Wiener Sezession entstanden. Vor allem vormittags und besonders an Samstagen geht es hier sehr lebhaft zu; Fischhändler arbeiten in einer eigenen ❗ mit Meeresmotiven geschmückten Halle.

Nördlich des Marktes lässt sich ein weiteres Beispiel Habsburger Architektur bewundern, das 1895 eröffnete **Theater Ivan Zajc ⏿** des einstigen Wiener Architekturbüros Fellner und Helmer.

Trsat ⏿

Vom Praetorium in der heutigen Altstadt dirigierte der kommandierende römische Offizier ein Wach- und Verteidigungssystem aus Kastellen auf den Hügeln um Rijeka; eines davon stand anstelle des Vorortes Trsat, in dem heute die Kirche

Rijeka

0 _____ 100 m

N

Ⓐ Gradski toranj
Ⓑ Forumsplatz
Ⓒ Kathedrale Sv. Vida

Gospe Trsatske als Wallfahrtsziel Pilger anzieht. Traditionell steigen die Gläubigen die mehr als 500 Stufen von der Stadt hinauf. Objekt der Verehrung in dem im Kern gotischen, im 17. Jh. aber barockisierten Gotteshaus ist eine gotische Ikone der Muttergottes (14. Jh.).

Die Tradition der Kastelle auf dem Hügel begründeten zwar bereits die Liburner, erst die Römer bauten das Schutzsystem aber richtig aus. Im 19. Jh. ließ ein irischstämmiger Habsburger Offizier das **Kaštel** zu einem Museum umbauen und errichtete mittendrin ein Fami-

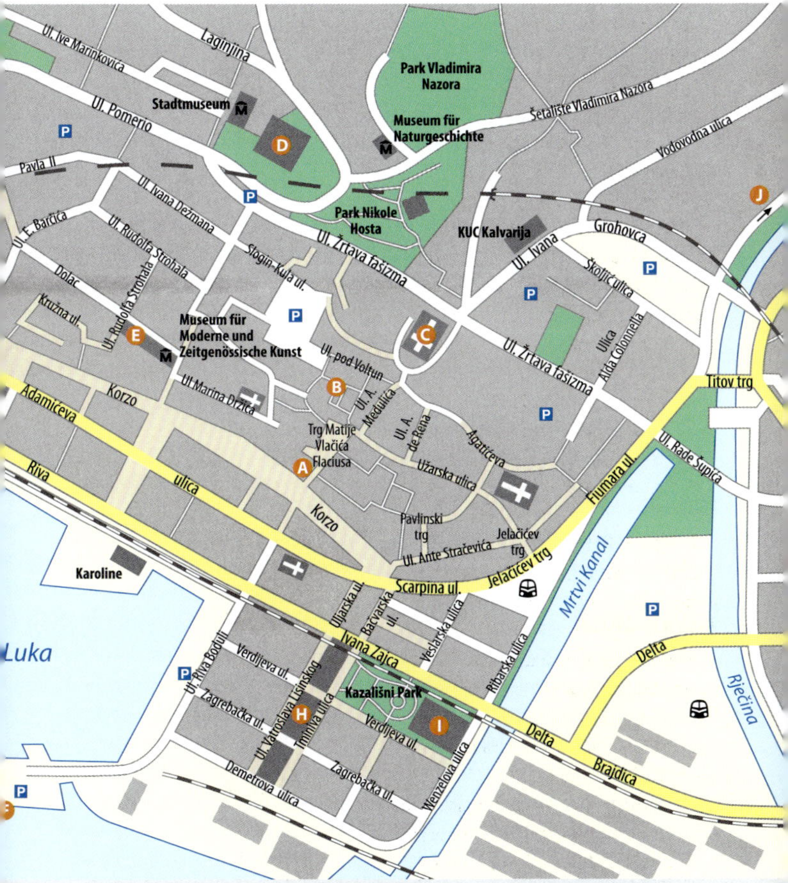

D Pomorski i povijesni muzej (Seefahrtsmuseum)
E Universitätsbibliothek
F Molo Longo
G Kirche Gospe Lurdske
H Markthallen Velika tržnica
I Theater Ivan Zajc
J Trsat

lienmausoleum. Heute wird ein Teil der Räume als Galerie genutzt. Vor allem wegen des schönen Ausblicks lohnen Aufstieg oder Anfahrt (Bus Nr. 2, 9–23 Uhr). Cafés, Pubs und Restaurants locken Nachtschwärmer in den entspannten Stadtteil.

Info
Tourist Info
- Korzo 14 | 51000 Rijeka
  Tel. 051 33 58 82
  www.visitrijeka.eu

Unterkunft
Grand Hotel Bonavia €€€
Rijekas Hotel-Flagschiff bietet auch ein sehr gutes Restaurant.
- Dolac 4 | Rijeka
  Tel. 051 35 71 00
  www.bonavia.hr

Continental €€
Das Stadthotel in einem klassizistischen Bau hat relativ kleine Zimmer, liegt dafür aber ganz zentral.
- Šetalište Andrije Kačića-Miošića 1 Rijeka | Tel. 051 37 20 09
  www.jadran-hoteli.hr

Dharma Hostel €
Freundlich eingerichtete Hostel mit ganzheitlichem Angebot: vegetarisches Essen, Yogakurse, Entspannung.
- Spinčićeva 2 | Rijeka
  Tel. 051 56 21 08
  www.dharmahostels.com

Restaurants
Baćo €€
Sehr beliebt zur *marenda,* dem preiswerten Mittagessen.
- Mihanovićeva 35 | Rijeka
  Tel. 051 21 63 82

Konoba Ive €€
Der Familienbetrieb liegt im Westen Rijekas in Richtung Opatija und gilt unter Einheimischen als Geheimtipp. Man sitzt hübsch im Freien.
- Miroslava Krleže 14 | Rijeka
  Tel. 051 62 62 65
  www.konoba-ive.hr | Mo geschl.

Na Kantunu €€
Wer zentral und v. a. Fisch und Mereresfrüchte speisen möchte, ist hier richtig.
- Wenzelova 4 | Rijeka
  Tel. 051 31 32 71

SEITENBLICK

Islamisches Zentrum
Drei große Moscheen gibt es in Kroatien, und eine davon steht in Rijeka, in prominenter Lage auf einem Hügel über den westlichen Vororten. Gemessen an der Zahl der etwa 2000 in Rijeka lebenden Muslime ist der 2013 eingeweihte futuristische Bau mit 23 m hohem Minarett ziemlich großzügig dimensioniert: Auf mehr als 3000 m² gibt es ein Kongresszentrum, ein Restaurant, eine Bibliothek und den eigentlichen Gebetsraum, in dem 1400 Menschen Platz finden. Der Entwurf für das aus übereinander gestaffelten Halbkugeln bestehende, faszinierende Bethaus stammt von dem Bildhauer Dušan Džamonja (1928–2009); finanziert hat es der Golfstaat Quatar (Ante Mandića 50, Tel. 51 31 70 59, www.medzlis-rijeka.org, Besichtigung möglich).

Pizzeria Bracera €

Auch Fisch und Meeresgetier schmecken hier bestens, doch besonders empfehlenswert sind die Pizzen.

- Kružna 12 a | Rijeka
  Tel. 051 21 37 82
  www.pizzeria-bracera.com.hr

Priroda i društvo €

Suppen, Eintöpfe, Sandwiches – vegetarisch und teils vegan. Leckere Smoothies.

- Užarska 14 | Rijeka
  Tel. 051 31 70 22
  www.prirodaidrustvo.com

Nightlife

Club Palach

Rijekas ältester Klub ist Kult.

- Kružna 8 | Rijeka | www.palach.hr

Club Crkva

Rijekas heilige Hallen für Elektro.

- Ružiceva 22 | Rijeka
  www.crkva.club

Cukarikafe Bar

Vintage-Café und abends Bar mit Livemusik.

- Trg Jurja Klovića 4 | Rijeka

Shopping

Šta da

Schmuck und witzige T-Shirts made in Rijeka.

- Užarska 14 | Rijeka

Mala galerija

Modernes Kunsthandwerk und Kunst kroatischer Designer sowie hübsche Souvenirs. **50 Dinge** ㊲ › **S. 16**.

- Užarska 25 | Rijeka
  Tel. 051 33 54 03
  www.mala-galerija.hr

Karstberge im Nationalpark Risnjak

Ausflug in den NP Risnjak [H–J2]

Karstphänomene wie Höhlen, Einsturztrichter und Poljen zeichnen den Nationalpark 42 km nordöstlich aus. Dichte Buchen- und Tannenwälder und eine große Artenvielfalt v. a. an Orchideen begeistern botanisch Interessierte. Als Lebensraum von Rothirschen, Rehen, Wildschweinen, Wölfen, Braunbären und Luchsen (*risnjak*) kommt dem Nationalpark eine wichtige Rolle im Übergang von den Alpen zum Dinarischen Gebirge und zum Balkan zu. Unter den über 100 Vogelarten sind u. a. Waldkauz, Sperlingskauz und Wanderfalke vertreten. Im Nationalpark entspringt der Karstfluss Kopa, höchster Gipfel ist der **Veliki Risnjak** [H2] (1528 m). Viele Wanderwege erschließen die grüne Wildnis › **Tour 8, S. 103**.

Ausgangspunkte für den Besuch ist der Ort **Crni lug** 🟩**9** [J2] mit Nationalparkhaus, Restaurant und Gästezimmern (Bjela Vodica 48, Tel. 051 83 61 33, http://np-risnjak.hr).

Jadranovo 🔟 [H4]

Der Ort ist heute ein beliebtes Bade-ziel. Bis in die 1980er-Jahre standen hier wie auch an anderen Stellen in der Bakar-Bucht weiter nördlich Thunfisch-Spähleitern, von denen aus Fischer in den Sommermonaten die Ankunft der Thunfischschwär-me beobachteten. Heute sind nur noch wenige dieser schräg gestellten Ausguckleitern erhalten.

Crikvenica 11 [H4–J5]

Das Kirchlein, nach dem der Bade-ort (11 000 Einw.) gegenüber der Insel Krk benannt ist, steht heute nicht mehr; es gehörte zu einem 1412 gegründeten Paulinerkloster und wurde im 17. Jh. durch die Kir-che **Blažene Djevice Marije** ersetzt, die zusammen mit dem ehemaligen Kloster und heutigen Hotel Kaštel eine Art Zentrum des lang gestreck-ten Städtchens bildet. Crikvenicas große Attraktion ist sein **Sand-/Kies-strand,** ❗ eine absolute Rarität im Kvarner Golf. Das milde Klima för-derte den Kurtourismus, der hier bereits um die Mitte des 19. Jhs. einsetzte. Unübersehbares Zeugnis der damaligen Blütezeit ist das **Grand Hotel Palace,** in dem früher vor allem ungarischer Adel logierte. Mit den Nachbarorten Selce, Dra-malj und Novi Vinodolski bildet Crikvenica eine beliebte Ferienregi-on, deren landschaftlicher Reiz im Kontrast von mediterraner Küste und dem karstigen Höhenzug der Velika Kapela liegt, der die Riviera begleitet und vor kalten Winden ab-schirmt. Den Mangel an histori-schen Sehenswürdigkeiten machen Strände, Buchten, die vielen Frei-zeit- und Ausflugsmöglichkeiten so-wie das große Angebot an Wasser-sportarten wett.

Info

Tourist Info
• Trg Stjepana Radića 1c
  51260 Crikvenica | Tel 051 78 41 01
  www.rivieracrikvenica.com

Hotels

Kvarner Palace €€€
Nostalgie pur ❗ in historisch eingerich-teten Zimmern, eleganten Salons und einem exzellenten Restaurant, umgeben von einem herrlichen Park.
• Ul. Brace Dr. Sobol 1
  Crikvenica | Tel. 51 38 00 00
  www.kvarnerpalace.info

Vila Ružica €€
Klein, strandnah und familiär geführt.
• Bana Jelačića 1 | Crikvenica
  Tel. 051 24 19 59 | www.vila-ruzica.hr

Restaurants

Galija €€
Das Restaurant des Familienhotels an der Uferpromenade ist sehr modern und schick eingerichtet – ähnlich hochklas-sig kommen feine Fischgerichte auf den Tisch. Auch Pizza ist empfehlenswert.
• Gajevo šetalište 1 | Crikvenica
  Tel. 051 78 47 10
  http://galija-crikvenica.hr

Rubin €€
Gehobene Fischküche in elegantem Rahmen. Wer lieber Fleisch mag, wird sich über perfekt gegrillte Steaks freuen.

- Kralja Zvonimira 80
  Crikvenica
  Tel. 051 24 15 80

Gostionica Zrinski €
Das gemütliche Lokal ist etwas schwer
zu finden, lohnt aber die Mühe. Reiche
Auswahl an Fisch und Meeresfrüchten.
- Kralja Tomislava 43 | Crikvenica
  Tel. 051 24 11 16
  http://zrinski-crikvenica.com

Selce 12 [J5]

Auch Selce lebt vom Badetourismus.
1894 öffnete im Ort das erste Hotel
seine Pforten. Kies und Sand sowie
kleine Felsbuchten prägen die Küstenlinie. Wie alle anderen Orte an
der Riviera von Crikvenica profi-
tiert auch Selce von dem Panorama
der nah gelegenen Insel Krk.

Hotel
Esperanto €€
Schön renoviertes, historisches Haus mit
zweckmäßig eingerichteten Zimmern,

großer Terrasse und Pool. Der Strand
ist vor der Haustüre.
- Emila Antića 24 | 51266 Selce
  Tel. 051 76 46 57
  www.hotel-esperanto.com

Restaurant
Stari Toč €€
Die Konoba in einer ehemaligen Ölmühle gleicht einem Museum; leckere Küche
und persönlicher Service.
- Šetalište I. Jeličića 22 | Selce
  Tel. 095 8 62 14 04 | www.toc.hr

Novi Vinodolski 13 [J5]

An dem Badeort öffnet sich die
Bergkette der Velika Kapela und
lässt Raum für ein weites Tal, in
dem die Bauern traditionell Wein
anbauen. *Vino*, der Wein, ist auch
der Namensgeber des Städtchens.
Geschichtsträchtig ist es wegen eines
im Jahr 1288 in Glagolica-Schrift
verfassten, 28-seitigen Gesetzbuchs.

Strandleben in Selce vor dem Hotel Amabilis

Das kostbare Schriftstück befindet sich nun in der Universitätsbibliothek von Zagreb. Von der ehemaligen Frankopanenfestung, die schon im 13. Jh. bestand, ist heute nur der **Kvadrac** genannte Turm erhalten. Darin ist das **Regionalmuseum** mit einer netten ethnografischen Sammlung untergebracht (Trg Vinodolskog zakona 1, Mo–Fr 9–12, Juli, Aug. Mo–Sa 9–12, 19–21, So 9 bis 12 Uhr). In der mehrfach stilistisch umgebauten Kirche **Sv. Filip i Jakov** sind die gotische Madonna auf einem der Seitenaltäre und das kunstvoll geschnitzte Chorgestühl aus dem 17. Jh. sehenswert. Auf dem vorgelagerten **Inselchen Sv. Marina** ist neben der gotischen Kapelle eine Thunfisch-Spähleiter erhalten.

Hotels

Novi Spa Hotels & Resorts €€€
Die Anlage am Hang nördlich von Novi Vinodolski verfügt über einen der größten europäischen Spas, einen Kids Club, Restaurants, einen langen Kiesstrand und über einen herrlichen Blick auf Krk.
• Hrastić 15 | 51250 Novi Vinodolski
  Tel. 051 66 84 17 | www.novi.hr

Maestral €
Das schlicht eingerichtete Mittelklassehotel ist eine preiswerte, familiäre Unterkunft in zweiter Reihe.
• Korzo hrvatskih branitelja 45
  Novi Vinodolski | Tel. 051 24 59 11
  www.maestral.de

Restaurants

Lucija €€
Die rustikale Konoba kocht erstaunlich delikat.

• Vinodolska 6
  Novi Vinodolski
  Tel. 051 24 57 55

Vagabundina koliba €
Einen Ausflug ins Hinterland rundet das bäuerliche Essen in diesem Gasthof ab.
❗ Kräuter sind die große Leidenschaft des Küchenchefs.
• Ravno 7 | 51253 Bribir
  Tel. 051 24 87 08

Senj 14 [K6]

Die herrische Burg Nehaj vor der Felsbarriere des Velebit-Gebirges ist *das* Postkartenmotiv der Hafenstadt (7200 Einw.), die auf eine lange und bewegte Geschichte zurückblickt. Im 4. Jh. v. Chr. gab es wahrscheinlich eine griechische Handelsniederlassung; die römische Folgesiedlung hieß Senia, und nach dem Fall des römischen Reiches wechselten sich Awaren, Slawen und Tempelritter ab, bis im 13. Jh. die Frankopanenfürsten von Krk die Macht übernahmen. Senj entwickelte sich zum Zufluchtsort für Flüchtlinge aus den von den Osmanen besetzten Gebieten und zum Bollwerk gegen deren vorrückenden Truppen. Von hier aus versetzten die militärisch straff organisierten Uskoken im 16. und 17. Jh. die Besatzungen sowohl osmanischer wie auch venezianischer Schiffe in Angst und Schrecken.

Festung Nehaj ★

Die Burg erhebt sich südlich des Zentrums auf einem 62 m hohen Hügel in bester strategischer Position. 1558 vom Uskokenführer Ivan

Lenković erbaut, beherrschte sie die Küste und die landeinwärts über den Vratnik-Pass führende Handelsstraße. Mit 3 m dicken Mauern und vier Türmen bewehrt wirkt sie uneinnehmbar. Ein Museum widmet sich darin v. a. der Geschichte der Uskoken (Juli, Aug. tgl. 9–21, Mai, Juni, Sept., Okt. 10–18 Uhr).

Altstadt

Senj wurde im Zweiten Weltkrieg schwer bombardiert, deshalb ist kaum historische Substanz erhalten. Nahezu vollständig hat die **Stadtmauer** mit ihren Türmen die Zerstörungen überstanden. Auf dem Stadttor **Velika vrata** aus dem 18. Jh. gibt eine Inschrift an, das hier *Josephinae Finis*, das Ende der Josephina erreicht sei – die Handelsstraße verband Karlovac mit Senj.

Einige schöne Barockhäuser säumen den großen **Marktplatz trg Cilnica**. In den Gassen um die Kathedrale **Sv. Marija** lassen sich gotische bzw. Renaissancefassaden entdecken – doch sieht man am Verfall, dass die Stadt kein Geld besitzt, dieses Erbe zu restaurieren.

Info

Tourist Info
• Stara cesta 2 | 53270 Senj
  Tel. 053 88 10 68 | www.tz-senj.hr

Unterkunft

Villa beba €€
Die Apartments in diesem familiären B&B sind hell und freundlich. Ins Zentrum sind es nur 5 Minuten.
• Ante Starcevića | Senj
  Tel. 098 72 040 09

Festung Nehaj in Senj

Restaurant

Lavlji Dvor €€
Gutbürgerliche Küche zu vernünftigen Preisen.
• Petra Preradovića 2 | Senj
  Tel. 053 88 21 07 | www.lavlji-dvor.hr

Ausflug zum Grifon Centar ⭐ [K7]

13 km die Küstenstraße nach Süden unterhält der Tierschützer Dr. Sušić ein kleines **Geierzentrum**, in dem er sich um verletzte Gänsegeier kümmert. Die in der nördlichen Adria vom Aussterben bedrohten Vögel nisten auf Cres und auf Plavnik vor Krk; Tourismus und Nahrungsmangel – sie fressen v. a. Schafkadaver – schränken ihren Lebensraum immer weiter ein, weil die Schafzucht auf den Inseln zurückgeht. Dr. Sušić war zuvor bei Beli auf Cres › S. 128 tätig, musste aber nach gut 20 Jahren hierher umziehen, wo er in deutlich kleinerem Rahmen weitermacht (Obala dr. F.Tuđmana 2, Senj-Crnika, www.supovi.hr).

KVARNER INSELN

Kleine Inspiration

- **Im Boot zur Žanja-Bucht fahren** und in der Blauen Grotte schnorcheln › S. 130
- **Robinsonbuchten entdecken** auf der Insel Unije › S. 137
- **Einen Cocktail trinken** im Garten des Volsonis und die einzigartige Atmosphäre genießen › S. 143
- **Durch den Dundo-Wald auf Rab wandern** und anschließend ein erfrischendes Bad nehmen › S. 146

Duftende Kiefernwälder, verschwiegene Felsbuchten, Bougainvillea-Kaskaden und Macchia-Kräuter, Gänsegeier, Delfine und genügsame Schafe – das alles steht für die vier Kvarner Inseln und ihre kleinen Satelliten.

Die großen Inseln und ihre kleineren Nachbarn laden ein, die Kvarner Bucht von Hafen zu Hafen inselhüpfend zu erkunden, denn ein jedes Eiland hat seine Besonderheiten: Cres ist still, kaum touristisch erschlossen, wild und herb. Lošinj ist das genaue Gegenteil: grün, lieblich, und wenn man abends an der Riva von Mali oder Veli Lošinj an Jachten und Motorseglern vorbeibummelt, sehr romantisch. Krk birgt große kulturelle Schätze und einen der wenigen Sandstrände des Kvarner Archipels. Mit einem weiteren schmückt sich Rab, das neben einer malerischen Altstadt mit Wander- und Radwegen durch uralte Eichenwälder punktet. Alle vier verbinden Fähren miteinander und sind im Sommer gut besucht. Ruhiger geht es dann auf den kleinen Eilanden des Lošinjer Archipels zu: Unije, Ilovik und Susak sind Reiseziele genügsamer Individualisten, die ihre Sandburgen – Susak ist ein einziger, endloser Sandstrand – am liebsten alleine bauen.

Touren in der Region

Tour 9 Cres und Lošinj

Route: Porozina › Beli › Cres › Valun › Lubenice › Osor › Nerezine › Mali Lošinj › Veli Lošinj

Karte: Seite 127
Länge/Dauer: 127 km, Tages- oder Zweitagestour mit dem Auto
Praktische Hinweise:
• Badesachen einpacken!
• Da von Lošinj keine Autofähren verkehren, muss man auf gleichem Weg zurückkehren oder aber von Merag/Cres nach Krk übersetzen.

Tour-Start:
Die Autotour von der nördlichsten zur südlichsten Spitze der beiden Kvarner Inseln eröffnet fantastische Ausblicke auf die Nachbareilande. Beim Besuch historischer Städtchen bieten sich rustikale Einkehrmöglichkeiten. Ausgangspunkt ist **Porozina** [F5], Cres' Fährhafen, wenn man von Istrien übersetzt. Steil bergauf erklimmt die Straße einen Bergkamm und verläuft auf ihm nach Süden. Nach 13 km, an der Abzweigung nach Beli, wartet der erste, fantastische Aussichtspunkt mit Blick auf Istrien (im Westen) und Krk (im

Die Halbinsel vor Cres-Stadt

Osten). Dann fahren Sie 9 km auf schmaler Straße bergab bis zum Dorf **Beli 1** › S. 128 mit Strand und der Konoba Tramontana › S. 132. Zurück auf der Hauptstraße ist **Cres-Stadt 2** › S. 129 das nächste Ziel. Ein Bummel durch die Altstadt, dann geht es 16 km weiter in die malerische Bucht von **Valun 3** › S. 129, wo gleich mehrere Restaurants um Ihre Gunst buhlen. Durch einsame, karge Landschaft schlängelt sich die Straße nach **Lubenice 4** › S. 129, einem fast verlassenen Steindorf mit Superpanorama. Wieder auf der Hauptstraße folgen 35 eher langweilige Kilometer durch Macchia und Wald nach Süden; einzige Abwechslung ist der westlich liegende **Vrana-See [G7]**. Dann sind die Brücke nach Lošinj und **Osor 6** › S. 131 erreicht. Man überquert die Brücke und legt in **Nerezine 7** › S. 133 eine Rast ein, z. B. im Café des bezaubernden Hotels Televrin (Obala Nerezinskih Pomorca 21, 51554 Nerezine, Tel. 051 23 71 21, www.televrin. com, €€) – vielleicht gefällt es Ihnen so gut, dass Sie hier auch gleich übernachten! Das nächste Ziel, **Mali Lošinj 8** › S. 133, ist 20 km entfernt, und auf der Fahrt sehen Sie im Nordosten die Südostspitze von Cres und im Westen die Inseln Vele und Male Srakane. Wer Trubel mag, bleibt in Mali Lošinj, doch auch das ruhigere **Veli Lošinj 9** › S. 134 ist unbedingt zu empfehlen. An der **Rovenska-Bucht** › S. 135 müssen Sie sich entscheiden: baden oder in der angesagten Bora Bar einkehren (Rovenska 3, 51551 Veli Lošinj, Tel. 051 86 75 44, www.borabar.net)?

Buchten-hopping auf Lošinj

Route: Mali Lošinj › Čikat-Bucht › Mali Lošinj › Veli Lošinj › Rovenska-Bucht › (Javorna-, Kriška-Bucht) › Sv. Nikola › Rovenska-Bucht › Mali Lošinj

Karte: S. 127
Länge/Dauer: 32 km, Halbtagestour
Praktische Hinweise:
• Theoretisch auch mit einem Tourenrad machbar, aber ein Mountainbike ist empfehlenswerter.
• Denken Sie an ausreichend Wasser, Badesachen und Sonnenschutz!

Tour-Start:

Die mittelschwere Fahrradtour von Bucht zu Bucht bietet reizvolle Bade- und Einkehrmöglichkeiten und kann nach Belieben auf zwei Stunden verkürzt oder auf den ganzen Tag ausgedehnt werden. Start ist in **Mali Lošinj 8** › S. 133 an der Tourist Info. Von dort geht's am Hafenkai entlang immer geradeaus nach Nordwesten und umrundet die bewaldete und buchtenreiche Landzunge, deren Spitze nach 2,5 km erreicht ist. Dann radelt man an der Südküste nach Osten und in die **Čikat-Bucht 10** › S. 135 hinein, wo der Kiesstrand zu einem Bad im Meer animiert. Anschließend geht es nordwärts in Richtung Mali Lošinj durch Kiefernwald, man muss eine kleine Steigung bewältigen und erreicht bergab fahrend Mali Lošinjs

Der kleine Hafen von Veli Lošinj

Hafenbecken. Dieses Mal wählt man die nördliche Kaiseite, radelt am Ende nach Norden, erreicht das nordöstliche Ufer der zweiten Halbinsel, die Mali Lošinj einrahmt, und folgt ihr auf dem asphaltierten Uferweg ohne große Höhenunterschiede nach Südosten. Bei km 17 öffnet sich das hübsche Hafenbecken von **Veli Lošinj** **9** › **S.134,** in dessen Cafés sich eine kleine Atempause empfiehlt.

Dann radelt man in die nächste, die **Rovenska-Bucht** › **S. 135,** und entscheidet sich: Badepause schon hier oder an den einsameren Stränden, die noch folgen: Zu den Buchten **Javorna** und **Kriška** **[H10]** wird der Weg am Meer entlang nun wurzelig und holprig, aber die Kiesstrände sind fast karibisch! Einziger Wermutstropfen: Danach geht es 350 m steil bergauf. Bergab macht das Fahren dann wieder Spaß: Man passiert Veli Lošinj und kehrt auf gleichem Weg nach Mali Lošinj zurück.

 Rab – durch uralten Eichenwald

Route: Kampor › uvala Gožinka › Suha Punta › Rab-Stadt

Karte: Seite 127
Länge/Dauer: 15 km, 3–5 Stunden
Praktische Hinweise:
- Leichte Wanderung mit Bade- und Einkehrmöglichkeiten; Sonnenschutz, Wasser und Badesachen nicht vergessen!
- Busse von Rab nach Kampor ca. alle 2 Std., letzte Abfahrt 17.15 Uhr

Tour-Start:

Start der Wanderung ist in **Kampor** **[J8],** unweit des Campingplatzes Lando Resort, wo man der Markierung Premužičeva 2 zunächst nach Süden und dann westwärts durch

Am Hafen von Rab-Stadt

den **Dundo-Wald** › **S. 146** in Richtung Küste folgt. Der unter Naturschutz stehende Steineichenwald zählt zu den letzten immergrünen Wäldern des Mittelmeerraums – in seinem Schatten fühlt man sich, als durchquere man einen Dschungel.

Das Terrain senkt sich und erreicht nach etwa 3 km die **Küste.** Auf einem steinigen Pfad geht es nun Bucht um Bucht umrundend am Meer entlang bis zur »Schinkenbucht« **Gožinka [J8]:** In der idyllischen Bucht können Sie im gleichnamigen Restaurant › **S. 147** rasten.

Dann folgt man der Küste weiter bis zur Siedlung **Suha Punta [J8]** mit Ferienhäusern, Hotels und Cafés sowie einer hübschen Badebucht. Bucht für Bucht weiterwandernd und an klaren Tagen den Blick auf die Insel Pag im Süden genießend läuft man auf die nächste Landzunge zu. Sie komplett zu umrunden ist nicht möglich, deshalb verlässt man bei km 11 die Küstenlinie und spaziert nach Norden, wo man nach etwa 500 m den Küstenweg entlang des Nordufers zurück nach Westen und ins fruchtbare **Kampor-Tal** nimmt.

Hier wendet man sich nach Osten in Richtung Rab-Stadt, passiert das **Kloster Sv. Eufemija** und kommt schließlich unterhalb des Komrčar-Parks in **Rab-Stadt** 16 › **S. 144** an.

Touren auf den Kvarner Inseln

Tour 9

Cres und Lošinj

Porozina › Beli › Cres › Valun › Lubenice › Osor › Nerezine › Mali Lošinj › Veli Lošinj

Tour 10

Buchtenhopping auf Lošinj

Mali Lošinj › Čikat-Bucht › Mali Lošinj › Veli Lošinj › Rovenska-Bucht (Javorna-, Kriška-Bucht) › Sv. Nikola › Rovenska-Bucht › Mali Lošinj

Tour 11

Rab – durch uralten Eichenwald

Kampor › uvala Gožinka › Suha Punta › Rab-Stadt

Medveja
Mošćenička
Draga

Brseč

Rijecki
zaljev

Sv. Marko
Most Krk

Tenka punta

Omišalj

Njivice

Rudine

Klimno

Šušan

Voz

Jadranovo

Manestri

Frankokopanski
Kaštel

Šilo

Haludovo
Malinska

Dobrinj

Ravno

Breze

Crikvenica

Selce

Novi
Vinodolski

Krasnica

9 Porozina

Beli

Sis
650

Petar

Predošćica

Vodice

Sv. Kršsevan

Glavotok

Rt.
Pelova

Sidrište
Malinska

Porat

Barušići

Bajčić

Skrbčići

Valbiska

Kozarin

Kornić

Krk

Košljun

Rt. Tokai

Vrbnik

Klam
449

Punat

Klenovica

Rt. Glavina

S.-Kozica

Podstrašica

Draga
Bašćanska

Baška

Rt.
Rebica

Stara Baška

Cres

Merag

Cres

Rt. Pernat

Creski
zaljev

Pernat

Valun

Valun

Lubenice

Sv. Nikola

Vidovići

Martinšćica

Gerbujev
353

Sv. Vid

Lovrešćina

Loznati

Sv. Miće

Orlec

Vransko
Jezero

Sv. Šimun

Jelovica

Stivan

Zeča

Belej

Ustrine

Osorski
zaljev

Unije

Unije

Sv. Nikola

Nerežine

Osor

Marinska

Sv.
Platona

Sv. Jakov

Rt. Sv. Duh

Konfin
202

Sv. Mihovil

Majka Bošja

Televrina
588

Sv. Ivan

Punta Kriša

Sv.
Andrija

Pogana

Rt. Suha

Plavnik

Kornati

Galun

Krčki zaljev

Sv. Lucija

Helm
483

Vele-
Srakane
Male-

Čunski

Lošinj

10

Mali Lošinj

Veli Lošinj

Vele-Orjule

Susak

Susak

Grgoščak
243

Male-Orjule

Ilovik

Ilovik

Oruda

Senjska vrata

Sv. Grgurov kanal

Prvić

Sv. Grgur

Goli

Rt. Sorinj

Lopar

Sorinj
151

Supetarska Draga

Kampor

Sv. Eufemija

Crkva

Sam.

Rab

Sv. Marija

Rab

Plava
magistral

Dolin

Rt. Lun

Tovarnele

Gager

Dolfin

Mišnjak

Pag

zaljev

Kvarnerski

Velebitski kanal

Lošinjski kanal

Uniski kanal

0   6 km

Unterwegs in der Region

Insel Cres [F5–H9]

Cres, das schmal und lang gezogen vor der Ostküste Istriens liegt, ist die kargste der vier Kvarner Inseln. Obwohl sie den Reisenden, der mit der Fähre vom istrischen Brestova nach Porozina übersetzt, zunächst mit Wäldern aus Flaumeichen und Weißbuchen auf den Anhöhen grüßt, spricht beim Näherkommen der Boden, in dem diese Bäume wurzeln, Bände: Es ist vielförmig erodierter Kalkstein. Der nördliche Teil von Cres, die **Tramuntana**, besteht nur aus solchem Untergrund, den die beiden hier heftig wehenden Winde – Bora aus dem Norden und Jugo von Süden – seines schützenden Erdreichs beraubt haben.

Seit Menschengedenken weiden Schafe das spärliche Grün ab; sie leben halbwild und die Hirten treiben sie nur zu bestimmten Gelegenheiten (für die Schur, den Verkauf oder die Schlachtung) zusammen. Und die auf Cres nistenden **Gänsegeier** geben die Müllabfuhr: Sie machen in der Wildnis verendete Schafe aus und »entsorgen« sie.

Cres' Hauptorte haben sich im klimatisch milderen Mittelteil an der buchtenreichen Westküste etabliert. Im Südwesten führt eine Drehbrücke auf die Nachbarinsel Lošinj.

Beli 1 ★ [G5]

Seit über 4000 Jahren siedeln Menschen auf dem zum Meer hin schroff abfallenden, 130 m hohen Hügel an der geschützten Nordostflanke der Insel. Bei der Fahrt auf der beängstigend schmalen Straße hinunter zum Ort überrascht die üppige mediterrane Vegetation mit Steineichen, Hainbuchen und Olivenbäumen (Vorsicht Schafe!). Eine im Kern römische Brücke überwindet einen an Beli vorbeiführenden, meist trockenen Wasserlauf.

Die Siedlung selbst zeigt noch Merkmale mittelalterlicher Bergsiedlungen wie Häuser mit Außentreppe und überdachter Terrasse und den Hauptplatz mit Steinsitzen im Rund, der als Versammlungsort diente. Die meisten Bewohner sind heute Feriengäste, denn neben der herrlichen Natur, durch die **Wanderwege** führen **50 Dinge** ⑤ › S. 12, besitzt Beli einen besonders schönen **Strand** aus großen Kieselsteinen, an dem noch die alten Steinhütten der Fischer stehen. Hier befindet sich auch ein idyllischer, wenngleich sehr einfacher Campingplatz.

Eine wichtige Attraktion Belis, das gut 20 Jahre bestehende **Geierzentrum Caput Insulae,** ist seit einigen Jahren wegen lokaler Querelen geschlossen › **Grifon Centar bei Senj, S. 121.** Mehrere Anläufe, die Arbeit mit den Gänsegeiern hier wieder aufzunehmen, sind bislang gescheitert. Aktuelle Informationen hierzu sowie zu den Wanderwegen bekommt man bei dem findigen und vielseitigen Unternehmer Robi Malatestinić in der Pension Tramuntana › **S. 132.**

Marcela – eines der Stadttore, das in die Altstadt von Cres-Stadt führt

Cres-Stadt 2 [G6]

Zwei Tore aus dem 16. Jh. führen in den unter Venedigs Herrschaft entstandenen Kern der Inselhauptstadt (220 Einw.) rund um das innere Hafenbecken **Mandrač**. Umstanden von pastellfarben getünchten Häusern und zahlreichen Cafés ist der Hafen zu jeder Tageszeit ein malerisches und stets auch lebhaftes Ensemble. In der im 16. Jh. erbauten **Loggia** ! verkaufen Bäuerinnen selbst gezogenes Obst und Gemüse. Wer durch die schmalen Gassen schlendert, sieht an manch einem Haus alte Zunftzeichen wie etwa ein volles Fischernetz. Eine große Marina nutzt die ruhigen und sicheren Gewässer der tiefen Bucht, und nach Westen säumen nur wenige Schritte vom Stadtzentrum entfernt Kiesstrände die Küste. Außerhalb der Stadtmauer errichteten die Franziskaner im 14. Jh. Kirche und Kloster **Sv. Frane** mit zwei Kreuzgängen. Ein Museum für sakrale Kunst zeigt einige interessante Exponate, darunter »Maria mit dem Kinde« von Andrea da Murano aus dem 15. Jh. (Trg sv. Frane 6, www.cres-samostan.com, Mo–Sa 10–12, 16–18 Uhr).

Valun 3 [G7]

Der kleine Fischerort lockt nicht nur mit von Pinien beschatteten Kiesstränden, türkisblauem Meer und mehreren guten Restaurants, sondern auch mit einem Exponat von großer kulturhistorischer Bedeutung. Die Pfarrkirche **Sv. Marko** hoch über dem heutigen Valun am Hang bewahrt eine **Grabplatte** aus dem 11. Jh. mit eingemeißeltem Text, dessen ! erste Zeile in kroatischer Sprache und Glagolica verfasst ist, während der Rest in mittelalterlichem Latein aus lateinischen Buchstaben besteht. Aufgelistet sind die Namen der unter der Platte Beigesetzten.

Lubenice 4 ⭐ [F7]

Die Bucht von Valun begrenzt nach Süden zu die gebirgige Halbinsel **Pernat**, die ein System von Trockenmauern, *gromače* genannt, wie ein weißes Spinnennetz überzieht.

Blumengeschmückte Gasse in Osor

Meist stehen ein, zwei Olivenbäume in diesen kleinflächigen Feld-
abschnitten; in größeren weiden
auch Schafe, und manchmal laufen
verschiedene der *klančić* genannten
Weiden sternförmig auf eine ge-
meinsame Wasserstelle zu. Die wenigen Dörfer in dieser kargen Landschaft haben die meisten Bewohner
verlassen. Auch in Lubenice, das
sich wegen seiner spektakulären
Lage auf einem schmalen Felssporn
378 m über dem Meer zum Touris-
tenmagneten gemausert hat, leben
nur noch wenige Menschen.

Wie bei Beli handelt es sich um
einen bereits vor 4000 Jahren be-
wohnten Platz, von dem aus die
wichtigen Wasserstraßen des Kvarner bestens überwacht werden
konnten. Am Ortseingang begrü-
ßen ein Ende des 18. Jhs. erbauter
Glockenturm und die an ihn gelehn-
te **Loggia** – heute eine einfache Konoba – die Besucher. Die gotische
Pfarrkirche gegenüber wirkt ebenso
archaisch wie der Ort mit seinen
grauen Steinhäusern in traditionel-
ler Architektur mit Außentreppe
und überdachter Terrasse. Von Süd

Strand Sv. Ivan und Blaue Grotte

Die kleine Bucht Sv. Ivan unterhalb von Lubenice zählt zu den schönsten Stränden
der Insel. Der Weg zu ihr bzw. wieder zurück bergauf erfordert aber einige Kondition (und reichlich Trinkwasser). Er ist steil, und es geht immerhin um 378 Höhenmeter. Fast weißer, feiner Kies und das Türkis des Meeres sind Lohn der Mühe.
   Auf dem Weg hinunter können Sie auch in Richtung »Plave Grote« nach links
abbiegen und zur Žanja-Bucht wandern. Die Blaue Grotte an deren Südende begeistert mit einem fantastischen Farbspiel verschiedenster Blautöne, am schönsten, wenn die Sonne am Nachmittag hineinstrahlt. Keine Angst vor den Seespin-
nen – die Leute in Cres sagen, sie seien der Putztrupp der Grotte!

nach Nord durchqueren zwei Gassen das Dorf. Am Nordende und etwas oberhalb befindet sich das einstige Schulhaus, in dem sich eine Ausstellung dem Thema Schafzucht widmet (Sommer tgl. 9–18 Uhr).

Martinšćica 5 [G8]

Von Lubenice nach Süden und vorbei am Süßwassersee Vransko jezero ist der Badeort mit rund 200 ständigen Einwohnern die nächste größere Siedlung an der Westküste.

Flache Kiesstrände, ein großer Campingplatz in der Bucht Slatina und eine sehr gemächliche Atmosphäre bilden Martinšćicas Kapital. Die Kirche **Sv. Jeronim** erinnert an die Ortsgründung durch Klosterbrüder im 16. Jh.

Osor 6 ⭐ [G9]

Die Stadt hat römische Wurzeln und fungierte bis zum 17. Jh. als Hauptort nicht nur von Cres, sondern auch der Nachbarinsel Lošinj, zu der eine Drehbrücke hinüberführt. Ursprünglich waren die beiden Eilande durch eine Landenge verbunden, die die römischen Statthalter für den Schiffsverkehr durchbrechen ließen. Wie bedeutend die Stadt war, bezeugen die große **Renaissancekathedrale** (15. Jh.) und die imposante **Loggia**, heute ein Lapidarium, in dem mit Flechtbandornamenten geschmückte Denkmale auffallen (www.muzej.losinj.hr, Mitte Juni–Mitte Sept. Di–So 10–13, 19–22, April–Mitte Juni Di bis Sa 9–14 Uhr).

Heute bummelt man durch eine weitgehend ausgestorbene Museumsstadt, ❗ in der moderne Skulpturen die historische Umgebung beleben. Die Werke stammen von namhaften kroatischen Künstlern wie Ivan Meštrović (1883–1962) und kreisen um das Motiv »Musik«. In Osor findet im Sommer ein spannendes Festival statt: Zu den **Osorer Musikabenden** im Juli und August spielen namhafte Orchester in der Kathedrale Werke zeitgenössischer Komponisten (www.osorfestival.eu).

> ❗ **Erst-klassig**
>
> ### Istrien und Kvarner Bucht gratis
>
> ....
>
> - Die Besichtigung der römischen Villenfundamente im **Arheološki park Sepomaia** bei **Umag** kostet, zumindest vorläufig, keinen Cent. › S. 53
> - Ein kostenfreier Besuch in der **Galerija Aleksandar Rukavina** in **Brtonigla** macht mit zeitgenössischer kroatischer Kunst vertraut. › S. 60
> - **Monkodonja** ist eine faszinierende bronzezeitliche Siedlung in der Nähe von **Rovinj** – Zutritt umsonst. › S. 70
> - Eine der ältesten, mit **glagolitischen Inschriften** geschmückte Steinplatte ist in der Dorfkirche von **Valun** gratis zu besichtigen. › S. 129
> - **Moderne Skulpturen** kroatischer Bildhauer, darunter auch Werke von Ivan Meštrović, schmücken die Museumsstadt **Osor**. › S. 131

Info

Tourist Info
- Cons 10 | 51557 Cres-Stadt
  Tel. 051 57 15 35
  www.tzg-cres.hr

Unterkunft

Auf der Insel Cres gibt es nur wenige Unterkunftsmöglichkeiten. Man bucht entweder Privatzimmer oder Apartments über Buchungsportale, oder man wählt einen der Campingplätze der Insel (www.camping.hr).

Kimen €€
Nur wenige Schritte vom Stadtzentrum verbirgt sich das geschmackvoll renovierte Hotel in üppiger Vegetation an einem schönen Kiesstrand.
- Melin 1/16 | 51557 Cres-Stadt
  Tel. 051 57 33 05
  http://hotel-kimen.com

Pansion Tramontana €€
Angenehme, familiär geführte Pension mit guter Konoba. Die Eigentümer organisieren auch Bootsfahrten zur Geier- und Delfinbeobachtung und besitzen eine Tauchschule. **50 Dinge** ⑧ › **S. 13.**
- Beli bb | Tel. 051 84 05 19
  www.beli-tramontana.com

B&B Palac €
Abgesehen vom Campingplatz eine der wenigen Übernachtungsmöglichkeiten an der Valun-Bucht und außerdem sehr romantisch.
- Valun 15 | Zu buchen über Buchungs-portale im Internet

Piazetta €
Modern und geschmackvoll eingerichtete Zimmer im historischen Zentrum.

- Pjaceta 20
  51557 Cres-Stadt
  Zu buchen über Buchungsportale im Internet

Restaurants

Feral €€
Schon das strahlende Blau der Markise lockt in dieses Restaurant am Hafenbecken, das mit guter Fischküche und sehr aufmerksamem Service überzeugt.
- Riva Creskih Kapetana 9
  51557 Cres-Stadt | Tel. 099 9 63 78 84

Konoba Bukaleta €€
Die Konoba ist eine Institution und Pflichtprogramm für jeden Lammfan. Das gibt's als Suppe, gebraten, gegrillt, aus der Peka (nach Voranmeldung), als Gulasch zu *njoki* und, und, und.
50 Dinge ⑪ › **S. 13.**
- Loznati, ca. 5 km südl. von Cres-Stadt
  Tel. 051 57 16 06

Konoba Hibernica €€
Aus einem improvisierten Imbiss in Lubenice hat sich dieses sehr beliebte Restaurant entwickelt. Spezialität: Lamm in verschiedenen Variationen.
- Lubenice bb | Tel. 051 84 04 22
  Okt.–April geschl.

Konoba Toš-Juna €€
Der Mahlstein einer Ölmühle ist Wahrzeichen der alteingesessenen Konoba mit schöner Terrasse und guter Adriaküche.
- Valun | Tel. 051 52 50 84
  Nov.–Febr. geschl.

Nono Frane €€
»Opa Franz« am Hafenbecken hat nichts Großväterliches, sondern serviert flotte,

frische Gerichte mit Blick auf Boote und Spaziergänger.
• Riva Creskih Kapetana 9
  51557 Cres-Stadt
  Tel. 051 57 14 26

Verkehr
Fähren von Brestova (Istrien) nach Porozina und von Merag nach Valbiska auf der Insel Krk (Infos unter www.jad rolinija.hr).

Insel Lošinj [G9–H10]

Apsyrtides nannten die Römer Cres und Lošinj, die damals noch eine schmale Landenge verband, wo heute die Drehbrücke über den schmalen Schiffskanal führt. Wie rege der Schiffsverkehr um die Inseln in der Antike war, beweisen Amphoren und weitere Funde aus gesunkenen Frachtseglern. Der Aufsehenerregendste ist sicherlich ein lebensgroßer, bronzener Jüngling, der sich in seiner ganzen Schönheit im Museum von Mali Lošinj › **S. 134** präsentiert.

Auf den ersten Blick fällt der Kontrast in der Vegetation zum benachbarten Cres ins Auge: Tiefgrüne Kiefernwälder statt silbrige Olivenbäume, üppige Blütenpracht statt Kräuteraroma umschmeicheln die Insel. Zu verdanken ist dies dem Lošinjer Botaniker Ambroz Haračić (1855–1916), der die Aufforstung vorantrieb und letztendlich erreichte, dass Lošinj das Prädikat Luftkurort erhielt. Wie in Opatija und Lovran bauten auch hier wohlhabende Zeitgenossen aus Wien und Budapest repräsentative Villen.

Nerezine **7** [G9]

Der erste Ort an der Lošinjer Küste war lange Zeit Standort der besten Kvarner Werften; auch heute entstehen noch Schiffe, und zwar die pseudo-historischen Motorsegler, mit denen Feriengäste alle nur erdenklichen Schiffsausflüge im Archipel unternehmen. Anders als im lebhaften Mali Lošinj ist die Stimmung am Hafen eher besinnlich und entspannt. Aus dem 16. Jh. stammen Franziskanerkloster und Kirche Sv. Marija am Ortsrand (meist nicht zugänglich).

Mali Lošinj **8** ⭐ [G10]

Das »kleine« Lošinj ist mit 8000 Einw. Hauptort der Insel. An einer schmalen, tief eingeschnittenen Bucht liegend bot es Schiffen einen vor Stürmen geschützten Hafen, und so bildete die Seefahrt neben der Fischerei über Jahrhunderte den Haupterwerb seiner Bewohner. Als die traditionellen Lošinjer Großsegler der Konkurrenz der Dampf-

Ansicht von Mali Lošinj

schiffe nicht mehr standhalten konnten, avancierte der Kurtourismus zur neuen Geldquelle.

An die Seefahrer-Vergangenheit erinnern die vielen, fast herrschaftlich wirkenden Häuser im Stadtbild und v.a. ums Hafenbecken; sie gehörten Kapitänen, die von großer Fahrt wohlhabend zurückkehrten. Die Pfarrkirche **Župna crkva rođenja B.D. Marije** stammt aus dem 18. Jh.; ihren Altar schmückt ein Gemälde der Geburt Mariens von dem Venezianer Alvise Vivarini (1446–1502). Sehenswert ist die Gemäldesammlung des **Lošinj Museums** im historischen Palazzo Fritzi (Vladimira Gortana 35, www.muzej.losinj.hr, Mitte Juni–Mitte Sept. Di–So 10 bis 13, 19–22, April–Mitte Juni, Mitte Sept.–Nov. Di–So 10–13, 18 bis 20 Uhr). Unbestrittener Höhepunkt ist das 2016 eröffnete, modern gestaltete **Muzej Apoksiomena** ⭐ (Riva lošinjskih kapetana 13, www.muzejapoksiomena.hr, Di–So 10 bis 18 Uhr), das den 192 cm großen Apoxyomenos, die Bronzestatue eines nackten griechischen Athleten aus dem 2.–1. Jh. v. Chr., ausstellt, der sich nach dem Kampf mit einem Schaber von Öl und Staub reinigt. **50 Dinge** ㉘ › S. 15.

Oberhalb des Städtchens duften Heilkräuter und viele andere aromatische Pflanzen im Schaugarten **Miomirisni vrt** (Bukovica 6, www.miomirisni-vrt.hr, März–Juni, Sept. bis Dez. tgl. 8–15, Juli, Aug. tgl. 8.30–12.30, 18–21 Uhr) um die Wette. Nach Voranmeldung erfahren Besucher bei einer Führung viel Wissenswertes über die Inselflora.

Veli Lošinj 🔟 ⭐ [G10]

Das »große« Lošinj, nur 4 km von Mali entfernt, ist die älteste Siedlung auf der Insel; ihre Bucht ist noch schmaler und geschützter als jene von Mali, das Gesamtbild noch malerischer. An einem steilen Hang staffeln sich die Häuser in Pastelltönen hinunter bis zur Uferpromenade Riva. Fischerei und Seefahrt waren auch hier Haupterwerbszweige, wovon die großen Kapitänshäuser und Villen in Gärten voller exotischer Pflanzen heute noch zeugen.

Auch in der barocken Kirche **Sv. Antun** am Hafenbecken stellten die Bürger Veli Lošinjs ihren Wohlstand zur Schau: Sie ist das am reichsten ausgestattete Gotteshaus der Kvarner Inseln und besitzt allein sieben barocke Altäre und ein kostbares Renaissancegemälde von Bartolomeo Vivarini: Maria mit Kind und Heiligen (1475). Das Tabernakel schmückt ein Relief des »Abendmahls in Emmaus«, für dessen Hintergrund Gasparo Albertini die Kulisse Veli Lošinjs wählte (18. Jh.).

Ein Rest der Stadtbefestigung ist der im 16. Jh. erbaute **Rundturm Kula** etwas oberhalb des Hafenbeckens, in dem das Lošinjer **Museum** die Geschichte der Inselseefahrt und des Tourismus thematisiert (Kaštel bb, www.muzej.losinj.hr, Mitte Juni–Mitte Sept. Di–So 10–13, 16–22, April–Mitte Juni, Mitte Sept.–Nov. Di–Sa 10–13 Uhr).

Um die etwa 120 Delfine in den Gewässern um Lošinj kümmert sich die Forschungs- und Umweltschutzorganisation **Blue World**. Sie informiert über ihre Arbeit in einer

Das malerische Veli Lošinj liegt in einer gut geschützten Bucht

didaktisch aufgebauten, interaktiven Ausstellung. Vor Ort (aber auch online) können Spender einen Delfin »adoptieren« und die Arbeit dadurch unterstützen (Kaštel 24, Tel. 51 60 46 66, www.blue-world.org). Das Institut ist werktags meist geöffnet; eine Führung sollte man vorab vereinbaren.

Veli Lošinjs eigentlicher Hafen liegt südöstlich in der **Rovenska-Bucht,** die ein Wellenbrecher vor den gefährlichen Böen der Bora schützt. Heute ist die Bucht berühmt für ihre Restaurants, in denen man hervorragenden frischen Fisch bekommt.

Čikat-Bucht ⑩ [G10]

Wie ein etwas plumper Dreizack greift die Bucht an der Nordwestküste in das dicht mit Kiefern bewaldete Hinterland von Mali Lošinj hinein. Die Öffnung zum Meer hin ist relativ schmal, sodass an manchen Stellen der Eindruck entsteht, man befände sich an einem See. In dieser ruhigen und durch den aromatischen Kiefernduft gesundheitsfördernden Umgebung errichteten sich Reiche aus Wien und Budapest Ende des 19. Jhs. luxuriöse Villen, die inzwischen fast alle in Hotels umgewandelt sind. Ein **Unterwasser-Geschichtspark** eröffnet Tauchern einen Einblick in die Unterwasser-Archäologie. Auch wenn die verschiedenen Exponate – u. a. Amphoren, eine Kanone und selbstverständlich eine Kopie des Apoxyomenos › **S. 134** – arrangiert sind, macht es doch Spaß, die einzelnen »Stationen« zu erforschen (Juli–Sept., Anmeldung bei der Tauchschule vor Ort, www.diver.hr/diving).

› **S. 134**

Info

Tourist Info
• Priko 42 | 51550 Mali Lošinj
  Tel. 051 23 18 84
  http://visitlosinj.hr

Hotels

Villa Hortensia €€€
Nostalgie und Luxus pur vereint die k. u. k. Villa mit zehn todschicken Zimmern,

beheiztem Meerwasserpool und Privatstrand.

- Čikat 9a | 51550 Mali Lošinj
  Tel. 051 66 93 00
  www.losinj-hotels.com

Manora €€
Die 22 Zimmer des etwas außerhalb von Nerezine gelegenen Hotels haben entweder Blick aufs Meer oder auf den Inselberg Osorščica.

- Mandalenska 26 b | 51554 Nerezine
  Tel. 051 23 74 60
  www.manora-losinj.hr

Mare Mare Suites €€
Sehr originell eingerichtete Suiten in einem historischen Bau am Hafenbecken.

- Riva lošinjskih kapetana 36
  51550 Mali Lošinj
  Tel. 051 23 20 10
  www.mare-mare.com

Vitality Hotel Punta €€
Die herrlich an einem steilen Hang über dem Meer gestaffelte Anlage ist ideal für Aktiv- und Wellnessferien.

Das Vitality Hotel Punta in Veli Lošinj

- Šestavine 17 | 51551 Veli Lošinj
  Tel. 051 66 20 00
  www.losinj-hotels.com

Restaurants

Artatore €€€
Das Restaurant gilt seit Jahren als beste Adresse für Fisch und Meeresfrüchte.

- Artatore 132, ca. 7 km nordwestlich von Mali Lošinj | Tel. 051 23 29 32
  www.restaurant-artatore.hr
  Nov.–Febr. geschl.

Buffett Porto €€
Nicht vom schlichten Äußeren täuschen lassen: Hier bekommen Sie beste Fischgerichte von tadelloser Frische und werden aufmerksam umsorgt. Spezialität des Hauses ist Fischfilet mit Seeigel.

- Sveti Martin 58 | 51550 Mali Lošinj
  Tel. 0 51 23 19 56
  Nov.–März geschl.

Konoba Mol €€
Im Traditionshaus an der Rovenska-Bucht kommt der Fisch direkt aus den Booten der Fischer, das Brot wird mit Olivenöl und Knoblauch serviert, und bei der Wahl der Getränke kann man sich auch auf den Hauswein verlassen.

- Rovenska 1 | 51551 Veli Lošinj
  Tel. 051 23 60 08

Veli Žal €€
Das Restaurant am gleichnamigen Strand in der »Sonnenbucht« steht für feine Fischküche mit Blick über Bucht und Wald. Auf Vorbestellung gibt es Meeresfrüchte aus der Peka.

- Sunčana uvala | 51550 Mali Lošinj
  Tel. 051 66 72 60
  www.losinj-hotels.com/de/restaurants
  Jan.–März geschl.

Za Kantuni €€
In Mali Lošinj derzeit der Renner –
wegen des wirklich herzlichen Personals
und einer feinen Küche, die Bewährtes
mit dem gewissen Pfiff versieht.
• Vladimira Gortana 25
  51550 Mali Lošinj | Tel. 051 23 18 40

Nightlife
The End
Tagsüber fungiert das Lokal als Café,
abends als Lounge und Musikbar.
• Dražica 14 | 51550 Mali Lošinj
  Tel. 051 23 85 74

Shopping
Novem/Aqua Maritime
Die in vielen Ferienorten vertretene
Kette Aqua Maritime verkauft Ferien-
und Sommergefühle pur: etwa Pareos in
maritimen Prints. **50 Dinge** ㊴ › S. 16.
• Riva lošinjskih kapetana 12
  51550 Mali Lošinj | Tel. 051 23 10 73
  www.aquamaritime.hr

Aktivitäten
Aquapark Čikat
Der moderne Aquapark auf dem Gelände des Campingplatzes an der Čikat-

Bucht bietet mit Riesenrutschen Spaß
für die ganze Familie.
• Camping Čikat | 51550 Mali Lošinj
  Tel. 051 23 21 25
  www.camp-cikat.com
  Mitte Mai–Juni, Sept. tgl. 11–19, Juli,
  Aug. 10–20 Uhr

Sunbird
Seit Jahren der Platzhirsch an der Bucht:
Surf- und Kat-Kurse, Ausrüstungs- und
Fahrradverleih. **50 Dinge** ⑨ › S. 13.
• Čikat-Bucht | 51550 Mali Lošinj
  Tel. 095 8 37 71 42
  http://sunbird.de

Diver
Tauchkurse und Tauchgänge an der
Čikat-Bucht, im historischen Unter-
wasser-Lehrpfad › S. 135 und vor den
benachbarten Inseln.
• Čikat-Bucht | 51550 Mali Lošinj
  Tel. 051 23 39 00
  www.diver.hr/diving

Verkehr
Fähre zu den Inseln Vele Srakane, Unije
und Susak (www.jadrolinija.hr) sowie
Ilovik (www.krilo.hr).

SEITENBLICK

Robinson im Lošinj-Archipel
Mehrere Inselchen und Riffe rahmen Lošinj ein; drei davon sind bewohnt. Die
größte ist mit knapp 17 km² Fläche **Unije** [F9]. Bootfahrer steuern die Insel gern
an, denn an ihrer Nord- und Nordwestküste sind wahre Robinsonbuchten zu entdecken. Rund 170 Menschen leben auf der 6 km² großen »Blumeninsel« **Ilovik**
[H10] von Fischfang, Weinanbau, Schafzucht und natürlich Tourismus. Dass Landwirtschaft hier möglich ist, ist den zahlreichen Süßwasserquellen zu danken. Den
Kalksteinsockel des 3,7 km² großen Eilands **Susak** [F10] bedeckt eine Schicht
sandigen Lehms, eine geologische Besonderheit im Kvarner Archipel. Hier werden
außerdem ganz eigene Trachten und Traditionen bewahrt. Ausführlichere Infos zu
den Inseln unter http://visitlosinj.hr.

Insel Krk [H4–J6]

Obwohl gänzlich anders geformt, ist Krk exakt so groß wie das westliche Cres – eine überraschende Laune der Natur. Die dem Festland zugewandte Seite der Insel ist von der von Nordosten wehenden Bora bis herunter zum nackten Fels abgeschliffen. Fährt man von Kraljevica [H4] kommend über die Brücke Krški most auf die Insel hinüber, gelangt man in eine vermeintliche Mondlandschaft. Doch hinter der Felsbarriere und geschützt vor den sturmartigen Winden überrascht Krk mit üppiger Vegetation: Weißbuchen, Flaum- und Steineichen bilden dichte Wälder; auf den Trockenwiesen blühen seltene Orchideen, und natürlich ist auch die Macchia mit duftenden Kräuterkissen sehr artenreich. Der Badetourismus konzentriert sich an der Westküste um Njivice und Malinska, im Süden an der Bucht von Punat und im Osten bei Baška, wo es überall Kiesstrände und kleine Felsbuchten gibt, in Baška sogar Abschnitte mit grobem Sand.

Krk-Stadt 11 ⭐ [H6]

Wie ein antikes Theater schmiegt sich Krk (6500 Einw.) an den Hang einer südostwärts geöffneten Bucht. In dieser vor Nord- und Westwinden geschützten Lage bestand bereits in römischer Zeit ein *municipium*. Ab dem 12. Jh. stieg eine lokale Adelsdynastie von der Insel unter Venedigs Fittichen zum kroatischen Fürstengeschlecht der Frankopanen auf, und Krk avancierte zur Hauptstadt ihres Königreiches, das bis zum 16. Jh. bestand.

Die Sehenswürdigkeiten konzentrieren sich im unteren Bereich der noch fast vollständig von der Stadtmauer umschlossenen **Altstadt**: Am Platz **Kamplin** steht die **Festung** aus

Die Uferpromenade am Stadthafen von Krk

dem 12. Jh., daneben der **Wehrturm** auf quadratischem Grundriss und der runde **Wachtturm** mit dem Markuslöwenrelief als Symbol von Venedigs Herrschaft. Erbauer der Festungswerke waren allerdings die Frankopanen, die hier auch Recht sprachen (tgl. 9–14 Uhr).

Schräg gegenüber bilden die Kathedrale **Sv. Marije** und die Kirche des **Sv. Kvirin** das ungewöhnliche Ensemble einer miteinander verbundenen Doppelkirche. Die im 6. Jh. auf römischen Thermenfundamenten errichtete und im 12. Jh. erweiterte Kathedrale zeigt sich heute weitgehend mit barockem Schmuck. Ein Durchgang führt in die romanische Kirche Sv. Kvirin, das einzige doppelstöckige Gotteshaus Kroatiens. Während unten die Gefangenen aus dem nahen Kerker beteten, nahmen in der Etage darüber an einem Durchbruch die adeligen Damen an der Predigt teil, die der Bischof in der Kathedrale nebenan hielt. Heute dient Sv. Kvirin als **Museum sakraler Kunst**. Das vergoldete Altarretabel aus dem 15. Jh. war ein Geschenk des Fürsten Ivan II. an die Kirche (Mo–Sa 9.30–13 Uhr).

Ein Bummel durch die von Geschäften gesäumten Gassen führt zur **Vela placa**, dem »großen Platz« mit dem venezianischen, im 16. Jh. errichteten **Rathaus**. Das Ziffernblatt der an der Fassade angebrachten Uhr zeigt nicht wie üblich zwölf, sondern 24 Stunden. Den zierlichen **Brunnen** (16. Jh.) entdeckte man bei Renovierungsarbeiten in einem der angrenzenden Häuser. Im Keller unter der **Bar Volsonis** verbergen

sich römische Funde: ein Altar aus einem Venustempel und Teile der Stadtmauer (Zugang frei). Ein imposanter Bestandteil des Befestigungssystems ist der sechseckige Turm **Kula na obali**, 1407 von Fürst Nikola errichtet. Beim Bau wurde ein römischer Grabstein mit den Portraits der Bestatteten eingemauert.

Auf Tropenfische hat sich Krks modernes **Aquarium** spezialisiert (ul. Matije Gubca 1, Tel. 098 21 16 30, www.akvarij-krk.com.hr, April, Okt. 10–15, Mai, Sept. bis 17, Juni bis 21, Juli, Aug. bis 22 Uhr).

Punat 12 [H6]

Die östlich von Krk folgende Bucht ist zur offenen See hin nahezu abgeschlossen. Kein Wunder, dass diese geschützte Wasserfläche zur größten Marina der kroatischen Adria avancierte. Der Ort Punat steht folgerichtig ganz im Zeichen des Jacht- und Badetourismus und hat, abgesehen von einer lebhaften Uferpromenade, wenig Sehenswertes zu bieten. Punats eigentliche Attraktion ist das **Kloster Košljun** ⭐ auf der gleichnamigen Insel, die dekorativ in der Mitte der Bucht dümpelt. Taxiboote setzen über.

Das im 16. Jh. auf den Resten eines Benediktinerkonvents (12. Jh.) errichtete Franziskanerkloster besticht durch seinen dekorativen Renaissancekreuzgang und die kostbare Ausstattung der Kirche **Mariä Verkündigung**. Auf dem Polyptychon am Hauptaltar (1535) ist Fürst Ivan VII. Frankopan als Johannes der Täufer dargestellt. Eine **ethnografische Sammlung** zeigt Trachten,

Arbeitsgeräte und Schmuck von der Insel, im **Museum sakraler Kunst** der Kirche Sv. Bernardin sind Bildtafeln und Skulpturen von Gotik bis Barock zu bewundern (Museen April bis Okt. Mo–Sa 9.30–17, So 10.30 bis 12.30, Winter Mo–Sa 9.30–15, So 10.30–12.30 Uhr). Das Kloster besitzt außerdem eine über 30 000 Bände umfassende **Bibliothek**, zu deren Preziosen die 1511 in Venedig gedruckte lateinische Übersetzung des Atlas' des Ptolemäus gehört (Besichtigung nicht möglich).

Baška 13 [J6]

Der Ferienort in der südlichen, tiefen Bucht ist ❗ dank seines Sand-/Kiesstrands eines der beliebtesten

Reiseziele im Kvarner. Einige wenige Hotels und viele Ferienhäuser rahmen den rund 2 km langen Strand, dem gegenüber sich die imposante Felskulisse des Škuljica-Kaps auftürmt. Die Altstadt ist in diesem Ferienparadies kaum zu erahnen, doch es gibt noch einige Häuschen, die sich um die barocke Kirche **Sv. Trojica** gruppieren. Neben Strandvergnügen genießen Urlauber in Baška auch die auf den ersten Blick so karge, bei genauerer Betrachtung aber sehr artenreiche Umgebung, die durch gut markierte **Wanderwege** erschlossen ist. Eine Karte ist bei der Tourist Info erhältlich. Und sollte das Wetter einmal schlecht sein – in Baška kann die Bora ganz schön wüten –, dann vertreibt ein Besuch im **Aquarium** die Zeit. Die adriatische Unterwasserfauna ist hier mit über 100 unterschiedlichen Arten vertreten (Kralja Tomislava, Tel. 098 21 16 30, www.akvarij-baska.com.hr, April, Okt. 10–15, Mai bis 17, Juni, Sept. 9–21, Juli, Aug. 9–22 Uhr).

Kroatienweit berühmt ist Baška aber auch wegen der **Tafel von Baška** ⭐, die wenige Kilometer entfernt 1851 in der Kirche Sv. Lucija im Dorf **Jurandvor** [J6] entdeckt wurde. Es handelt sich um eine mit Glagolica-Inschriften versehene Steinplatte, die früher wahrscheinlich als Altarschranke diente und eine Landschenkung des Königs Zvonimir (Regierungszeit 1075–1089) an die Benediktiner zum Inhalt hat. Heute befindet sich das Original – eines der ältesten Schriftstücke in Glagolica überhaupt – im Museum

Eine der Kiesbuchten bei Stara Baška

in Zagreb; die Kirche schmückt eine Kopie. Ein kleines **Museum** dokumentiert den Fund, die Transkription und die Bedeutung der Tafel (www.azjurandvor.com, 9–19 Uhr).

Vrbnik 14 [H5]

Das Städtchen (1250 Einw.) auf seinem 48 m hohen Felsen ist in Kroatien ein Synonym für fruchtig spritzigen Weißwein. Die Reben, aus denen Vrbniška žlahtina gekeltert wird, begleiten die Straße durch das Vrbnik-Tal zu der alten Siedlung am Meer. 1325 wurde die Kirche **Sv. Marija** im Zentrum errichtet; glagolitische Inschriften sind darin zu finden, ebenso wie an manch einem Haus, denn Vrbnik gilt als eines der Zentren dieser altkroatischen Kirchenschrift. Wer durch die **Altstadt** streift, findet viele hübsche Details, begrünte Innenhöfe, Außentreppen, Tore und den **Grškovićev prolaz,** einen Durchgang, der so schmal ist, das sich selbst schlanke Menschen nur mit Mühe durchzwängen

können. Eine Weinverkostung bei einem der Winzer › S. 143 beschließt den Vrbnik-Besuch.

Špilja Biserujka 15 [H4]

Die Tropfsteinhöhle wenige Kilometer von der Soline-Bucht im Nordosten der Insel verläuft mit ca. 100 m Länge relativ flach bis in 14 m Tiefe, sie ist deshalb auch für Besucher geeignet, die Probleme mit langen Auf- und Abstiegen haben. In mehreren hintereinanderliegenden Sälen bilden Stalaktiten und Stalagmiten Fantasieskulpturen und -landschaften (Rudine, Tel. 098 21 16 30, www.spilja-biserujka.com.hr, April, Okt. 10–15, Mai, Juni 9–17, Juli, Aug. bis 18, Sept. 10 bis 17 Uhr). **50 Dinge** ⑩ › S. 13.

Info

Tourist Info
- Vela placa 1
  51500 Krk-Stadt
  Tel. 051 22 14 14
  www.tz-krk.hr

Unterkunft

Marina €€€
Das elegante Hotel am Jachthafen verbindet Stadtnähe und ruhige Umgebung.
• Obala hrv. mornarice 8
  51500 Krk-Stadt | Tel. 051 22 11 28 |
  www.marina.hr

Placa Heritage Hotel €€€
Nostalgisch, dabei aber topmodern eingerichtete Zimmer in der Altstadt.
• Ribarska 5 | 51500 Krk-Stadt
  Tel. 051 58 74 29
  www.hotel-placa.com

Blue Waves Resort €€
Die neue Hotelanlage am Kies-/Sandstrand von Malinska sorgt mit Wellnesscenter und Pool für gute Stimmung.
• Rova 33 | 51511 Malinska
  Tel. 051 65 40 02 | www.bluewaves.hr

Heritage Hotel Forza €€
Nur sechs Zimmer, die aber sehr schick und faishonable eingerichtet sind. Auch ein beliebtes Bistro gehört dazu.
• Kralja Zvonimira 98 | 51523 Baška
  Tel. 051 86 40 36 | www.hotelforza.hr

Omorika €€
Das Mittelklassehotel an der Strandpromenade verfügt über eher kleine Zimmer, die aber kürzlich einem gründlichen Facelifting unterzogen wurden.
• Frankopanska bb | 51521 Punat
  Tel. 051 65 45 00
  www.omorika-punat.com

Villa Adria €€
Das am Strand gelegene, moderne Haus nimmt auch Gäste mit Hunden auf.
• E. Geistlicha 39 | 51523 Baška
  Tel. 051 65 61 11 | www.valamar.com

Hostel Krk €
Das nette Hostel in der Altstadt besitzt auch ein preiswertes Restaurant.
• Dr. D. Vitezića 32 | 51500 Krk-Stadt
  Tel. 051 22 02 12
  www.hostel-krk.com

Restaurants

Kanajt €€€
Das Hotelrestaurant an der Marina von Punat ist die Adresse für fein zubereiteten Fisch und exzellente Weinauswahl.
• Kanajt 5 | 51521 Punat
  Tel. 051 65 43 40 | www.kanajt.hr

Besca Vecchia €€–€€€
Die ambitionierte Küche dieses sympathischen Restaurants bietet 🅸 wunderbare Abwechslung: Es gibt z. B. Pecorino mit Lavendelhonig oder Thunfisch auf Safransauce.
• Stara Baška bb | 51521 Stara Baška
  Tel. 051 84 46 39

Konoba Nada €€–€€€
Die eigenwillige Mischung aus rustikaler Konoba und schickem Restaurant bietet wirklich hervorragende, mediterrane Küche und den hauseigenen Weißwein Vrbniška žlahtina, den man unbedingt auf der Panoramaterrasse verkosten sollte. **50 Dinge** ⑳ › S. 14.
• Glavaca 22 | 51516 Vrbnik
  Tel. 051 85 70 65
  www.nada-vrbnik.hr
  Nov.–Mitte März geschl.

Bistro Kod Frge €€
Die Lage ist romantisch, und das Essen schmeckt wie von der *mamma* gekocht. Manchmal gibt es Serviceprobleme.
• Vladimira Nazora 15 | Baška
  Tel. 051 84 40 76

Konoba Bracera €€

Der Dauerbrenner in Malinska, doch die mediterran-kroatische Küche ist von gleichbleibend hoher Qualität.

- Kvarnerska 1 | 51511 Malinska
  Tel. 051 85 87 00
  www.konoba-bracera.com | Mo geschl.

Konoba Garofulin €€

Aperitifbar, Restaurant und Lounge: Mit Blick aufs Meer bestellt man Drinks, Schinken-/Käseplatten oder Fisch-Tapas.

- Palada 60 a | 51523 Baška
  Tel. 091 5 37 30 22
  www.facebook.com/GarofulinKonoba

Konoba Šime €€

Direkt an der Uferpromenade hat man beim Essen auch immer etwas zu gucken. Die Küche versteht sich besonders gut auf Grillgerichte vom Balkan.

- Antuna Mahnica 1 | 51500 Krk-Stadt
  Tel. 051 22 00 42

Rivica €€

Das nette Familienrestaurant am Strand von Njivice steht für feine Traditionsküche, etwa Lamm aus der Peka.

- Ribarska obala 13 | 51512 Njivice
  Tel. 051 84 61 01 | www.rivica.hr

Galija €–€€

Mit der besten Pizza der Stadt und tollen Vorspeisenplatten kann man sich in der Altstadt von Krk verstecken. Überraschung: der Garten im Innenhof.

- Frankopanska 38 | 51500 Krk-Stadt
  Tel. 051 22 12 50 | www.galijakrk.com

Konoba Pud Brest €–€€

Ein ländliches Gasthaus mit Traditionsgerichten wie dem Fischeintopf *brodet* – urig, deftig und Riesenportionen.

Die Konoba Šime am Hafen von Krk-Stadt

- Milohnići bb | 51511 Milohnić
  Tel. 051 86 21 11

Nightlife
Volsonis

Der Garten im Hinterhof der Cocktailbar ist abends der Geheimtipp in Krk-Stadt.

- Vela placa 8 | 51500 Krk-Stadt
  Tel. 051 88 02 49 | www.volsonis.hr

Club Boa

Die Mega-Disko öffnet nur im Sommer und startet dann aber mit Vollgas durch.

- Dubašljanska 76 | 51511 Malinska

Shopping

Der Inselwein Vrbniška žlahtina wird von Kellereien in und um Vrbnik verkauft. Zur Verkostung bitte anmelden! Empfehlenswerte Adressen:

Konoba Nada › S. 142

Katunar

- Sv. Nedilja | 51516 Vrbnik
  Tel. 051 85 73 93 | www.katunar.hr

Zadruga Vrbnik

- Na mori 2 | 51516 Vrbnik
  Tel. 051 85 71 01 | www.pz-vrbnik.hr

Aktivitäten

Cable Krk Punat

Der Wasserski- und Wakeboard-Lift an der Bucht von Punat fungiert zugleich als Treffpunkt der jungen Leute; das Bistro hat bis 24 Uhr geöffnet.

• Strand Dunat, unterhalb von Kornić
  www.wakeboarder.hr
  Mai–Sept. tgl. 10–Sonnenuntergang

Dive Loft Krk

Die vier Hausriffe der Basis begeistern mit ihrer unglaublichen Artenvielfalt.

• Namori 4 | 51516 Vrbnik
  Tel. 051 85 72 81
  www.hausriff-tauchen.de

Correct Diving

Neben Tauchgängen und -kursen, auch Kajakverleih und Kajaktouren.

• Brzac 33 | 51511 Malinska
  Tel. 051 86 92 89
  www.correct-diving.com

Verkehr

Fähre von Valbiska nach Merag (Cres) und von Valbiska nach Lopar (Rab) (www.jadrolinija.hr).

Insel Rab [J7–J9]

Obwohl auch Rab dem Festland die karge Schulter zeigt, zählt es zu den waldreichsten Inseln Kroatiens. Die Vegetation ist zahlreichen Quellen und dem Bergrücken Kamenjak zu danken, an dem die Böen der Bora brechen. Der antike Name Rabs, Arba, bezieht sich denn auch auf die »dunklen« Wälder der Insel. Im Norden Rabs, auf der Halbinsel Lopar, säumt einer der wenigen echten Sandstrände des Kvarner die Küste.

Rab-Stadt 16 ⭐ [J8]

Die Inselhauptstadt (1600 Einw.) ist unbestritten die Schönheitskönigin im Kvarner. Auf ihrer schmalen Landzunge staffelt sie sich dekorativ einen Höhenrücken hinauf, den eine Festung und mehrere Kirchen krönen. Unten am Hafenkai öffnet sich der Stadtplatz **trg Municipium Arbae** zum Meer. Der Name erinnert an den römischen Ursprung der Stadt, die Kaiser Augustus um die Zeitenwende zum *municipium* erhob. Im **Rektorenpalast Knežev dvor** mit seinen Biforienfenstern in venezianischer Gotik residierte der Statthalter Venedigs, das ab 1409 über die Insel herrschte. Parallel zur Uferstraße Obala Petra Krešimira verlaufen Donja (untere), Srednja (Mittlere) und Gornja (Obere) ulica (Gasse) durch die **Altstadt**. Steil bergauf führende Durchgänge und Treppenwege verbinden sie. Besonders in der **Srednja ulica** sind noch sehenswerte Bauten erhalten, so der Renaissancepalast Dominis, die barocke Kapela Sv. Antuna und die ehemalige Loggia (1509), in die ein Café-Restaurant eingezogen ist.

Folgt man am Ende der Gasse dem Weg bergauf, erreicht man die **Gornja ulica** mit dem Kloster **Sv. Antuna** und einer zierlichen romanischen Kirche. Nordwärts gehend folgt die Kathedrale **Sv. Marije** mit wunderbar harmonischer, romanischer Fassade aus abwechselnd weißen und roséfarbenen Steinlagen und einer Pietà von 1514 in der Lünette. Der frei stehende, romanische Kirchturm ist 26 m hoch. Das Gotteshaus ist leider meist verschlos-

Das Vier-Türme-Panorama von Rab-Stadt

sen, sodass sich die reiche Innen-ausstattung und das Reliquiar des hl. Christophorus nur selten bewundern lassen. Das Ziborium aus dem 9. Jh. beeindruckt mit Flechtbandornamenten. Auch Kloster und Kirche **Sv. Andrije** wenige Schritte weiter sind romanischen Ursprungs; der Glockenturm von 1181 soll der älteste der vier Raber Türme sein, die die Stadtsilhouette prägen. Den folgenden **Platz trg Slobode** beschattet eine uralte Steineiche. Eine Treppe führt hinunter zum Meer und zu einem kleinen Kiesstrand.

Ungewöhnlich im Steingrau der Stadt wirkt die roséfarbene Fassade der Kirche **Sv. Justine** (16. Jh.), die ebenso eigenwillig mit einer Zwiebelkappe zum Vier-Türme-Panorama beiträgt. Die als Konzertsaal genutzte Kirche Sv. Križ passierend erreicht man die Ausgrabungsstätte der frühchristlichen Kirche **Sv. Ivana Evanđelista,** deren Säulen und Apsis in einem Garten ungemein melancholisch wirken. Eine Treppe

wendelt sich im 20 m hohen, romanischen Glockenturm nach oben zur Plattform mit grandioser Fernsicht über Altstadt und Meer. Um den klassischen Blick auf die vier Raber Türme werfen zu können, steigt man hinauf zu den Ruinen der **Festung Sv. Kristofora** am Rand des Parks Komrčar. Von hier oben wirkt Rabs Altstadt wie ein Schiff mit vier Masten, das stolz ins Blau der Adria segelt. Unweit, in der Kirche **Sv. Kristofora,** zeigt ein **Lapidarium** wertvolle Steindenkmäler aus Kirchen und Palästen der Insel (Gornja ulica 26, Juni–Aug. 10–13, 19–21 Uhr).

Durch den **Komrčar-Park,** mit seinem dichten Blätterdach aus Aleppo- und Schwarzkiefern, Zypressen, Korkeichen und Lorbeer, der um die Wende vom 19. zum 20. Jh. gepflanzt wurde, gelangt man zurück an den Hafen.

Ein schöner Spaziergang bringt einen auf 2 km vom westlichen Rand des Komrčar-Parks immer am Meer entlang nach Nordwesten zum

145

Kloster **Sv. Eufemija** in Kampor (im Sommer Mo–Sa 10–12, 16–18 Uhr). Im romanischen Konvent mit dem schlichten Kreuzgang haben die Franziskanerpatres ethnografische Exponate aus dem Alltagsleben der Insel zusammengetragen. Die Kirche schmückt ein Polyptichon der venezianischen Brüder Vivarini aus dem 15. Jh.

Halbinsel Kalifront 17 [H–J8]

Die dicht bewaldete Halbinsel lädt mit zahlreichen markierten Wegen zum Wandern und Fahrradfahren durch eine ursprüngliche Landschaft ein. Auf keiner anderen kroatischen Insel, abgesehen von Mljet, ist so viel Waldvegetation erhalten wie auf Rab. Besonders der unter Naturschutz stehende **Dundo-Wald** aus Steineichen im Zentrum der Halbinsel gilt als botanische Rarität des Landes. Gesäumt ist Kalifront von einer buchtenreichen Küste mit zahlreichen Bademöglichkeiten, die ein schöner Wanderweg erschließt › **Tour 11, S. 127.**

Lopar 18 [J7]

Die Landschaft um Lopar (1200 Einw.) im Nordosten unterscheidet sich gänzlich vom Rest der Insel. Die Vegetation ist deutlich karger. Nicht umsonst trägt eine der Buchten den Namen Sahara. Viel mehr als Ferienhäuser und einfache Hotels hat Lopar nicht zu bieten – und den berühmten, viel besuchten **Paradiesstrand** (*Rajska plaža*) aus feinem Sand. Per Boot oder auf Rad- und Wanderwegen sind auch einsamere Sandbuchten zu erreichen. Von Lopar verkehren Autofähren nach Valbiska auf Krk.

Info

Tourist Info
- Trg Municipium Arba 8
  51280 Rab-Stadt | Tel. 051 72 40 64 |
  www.rab-visit.com

Hotels

Grand Hotel Imperial €€€
Das herrlich oberhalb der Altstadt gelegene Haus aus der k. u. k. Ära erstrahlt nun renoviert im alten/neuen Glanz.
- M. de Dominisa 9 | 51280 Rab-Stadt
  Tel. 051 72 45 22
  www.imperialrab.com

Carolina €€
Das Strandhotel mit Pool und großem Freizeitangebot auf der Halbinsel Kalifront ist ideal für Aktivreisende.
- Kampor 82 | Rab
  Tel. 051 72 41 33
  www.imperialrab.com

Blick nahe Rab-Stadt auf Kalifront

Drei bis vier Tage mit dem Auto oder per Bus durch Istrien

Route: Savudrija › Umag › Novigrad › Poreč › Rovinj › Bale › Vodnjan › Fažana › Pula › Barban › Labin/Rabac › Pazin › Hum › Roč › Buzet › Motovun › Buje › Umag (300 km)

Karte: Klappe hinten

Distanzen: Savudrija – Umag (7 km) – Novigrad (14,5 km) – Poreč (19,5 km) – Rovinj (36 km) – Bale (15 km) – Vodnjan (10 km) – Fažana (8 km) – Pula (9 km) – Barban (29 km) – Labin/Rabac (15 km) – Pazin (34 km) – Hum (28 km) – Roč (8 km) – Buzet (9 km) – Motovun (19 km) – Buje (22 km) – Umag (16 km)

Verkehrsmittel: Mit dem Auto dauert diese Tour je nach Bade- und Besichtigungspausen zwei bis drei Tage. Theoretisch ist sie auch mit öffentlichen Verkehrsmitteln (Busse) machbar, allerdings benötigt man dafür dann mindestens vier, besser fünf Tage Zeit.

1.Tag: Von **Savudrija** › S. 56 mit dem historischen Leuchtturm ist es ein Katzensprung die Küstenstraße nach Süden bis **Umag** › S. 55, Austragungsort der Croatia Open und beliebtes Badeziel. Auch das weiter südlich gelegene historische Hafenstädtchen **Novigrad** › S. 57 ist Mittelpunkt einer reizvollen Strand- und Hotelzone und Istriens heimliche Gourmethauptstadt mit mehreren Edelrestaurants. In **Poreč** › S. 62 sollten Sie sich reichlich Zeit nehmen für den Besuch der Altstadt und ihrer byzantinischen Euphrasius-Basilika oder aber gleich übernachten und die Strände sowie das quirlige Nachtleben genießen. Alternativ fahren Sie weiter bis **Rovinj** › S. 66 mit seinem anregenden Künstlerflair und vorgelagerten Strandinseln und verbringen die erste Nacht hier.

2.Tag: Ein monumentales, venezianisches Kastell beherrscht **Bale** › S. 71 ein Stück landeinwärts; dann geht's am zweiten Tag zurück an die Küste ins hübsche **Fažana** › S. 73, wo Sie auf die Insel **Veli Brijun** › S. 73 übersetzen, um römische Ruinen und Titos Exotenzoo zu besichtigen. Zurück am Festland erreichen Sie **Pula** › S. 74 mit dem weltberühmten Amphitheater. Lust auf etwas Großstadtflair? Dann nehmen Sie hier ein Zimmer! Wenn Sie lieber an den Strand wollen, steuern Sie über **Barban** › S. 87 und **Labin** › S. 86 die Bucht von **Rabac** › S. 88 an.

3.Tag: Am dritten Tag geht's landeinwärts ins herbere Inneristrien mit dem Hauptort **Pazin** › S. 88. Kulturell Interessierte besuchen das Museum,

Luftaufnahme der Altstadt-Halbinsel von Rovinj

Landschaft bei Motovun

Adrenalinjunkies rasen auf der ZIP-Line › **S. 92** über die Schlucht. Zwei winzige Bergstädtchen, **Hum** › **S. 95** und **Roč** › **S. 94,** stehen als nächstes auf dem Programm, und die Humska Konoba › **S. 95** verführt zu einer entspannten Mittagsrast. Lassen sie noch etwas Platz, denn in **Buzet** › **S. 93** heißt es Trüffelprodukte verkosten! Auch das wie gemalt auf seinem Hügel thronende **Motovun** › **S. 96** ist ein Trüffelparadies, aber fast noch reizvoller ist der Blick über die grüne istrische Landschaft.

Buje [C3] ein paar Hügel weiter nach Nordwesten, ein wichtiger Marktort für die Gegend, wirkt gänzlich untouristisch. Vom Aussichtspunkt unterhalb der Altstadt reicht der Blick weit über Olivenhaine bis ans Meer. Das ist dann in **Umag** › **S. 55,** dem Endpunkt der Route, schnell erreicht.

Tour 13

Vier Tage per Auto und Schiff durch die Kvarner Bucht

Route: Brestova › Fähre › Porozina/Cres › Beli › Cres › Merag › Fähre › Valbiska/Krk › Krk › Punat › Baška › Vrbnik › Omišalj › Brücke › Kraljevica › Rijeka › Opatija › Lovran (200 km)

Karte: Klappe hinten

Distanzen: Brestova – *Fähre* – **Porozina/Cres** – **Beli** (20 km) – **Cres** (20 km) – **Merag** (15 km) – *Fähre* – **Valbiska/Krk** – **Krk** (20 km) – **Punat** (8 km) – **Baška** (18 km) – **Vrbnik** (19 km) – **Omišalj** (26 km) – *Brücke* – **Kraljevica** (9 km) – **Rijeka** (22 km) – **Opatija** (14 km) – **Lovran** (7 km)

Verkehrsmittel: Am einfachsten und bequemsten mit dem Auto, doch die meisten Orte auf dieser Route steuern auch öffentliche Buslinien an. In der Hochsaison ist an den Fähranlegern mit längeren Wartezeiten zu rechnen. Die Fahrpläne stehen auf www.jadrolinija.hr.

1.Tag: Vom Hafen **Brestova** [F5] an der istrischen Ostküste bringt Sie das Fährschiff in 20 Minuten auf die mit Macchia bewachsene Insel Cres. Steil klettert die Straße von der Mole in **Porozina** [F5] auf den Bergrücken, der Cres wie ein Grat von Nord nach Süd durchzieht. An der Abzweigung nach knapp 9 km führt eine schmale Stichstraße noch steiler hinunter nach **Beli**

› S. 128 und weiter an einen hübschen Strand. Hier könnten Sie die erste Übernachtung einlegen, denn Dorf und Strand wirken meilenweit von der Zivilisation entfernt und die Pension Tramontana › S. 132 ist eine äußerst charmante Bleibe.

2. Tag: Zurück auf der Hauptstraße steuern Sie am folgenden Tag die Inselhauptstadt **Cres** › S. 129 an und legen nach der Besichtigung eine Kaffeepause am malerischen Hafenbecken ein. Quer nach Osten über das schmale Eiland steht vom **Hafen Merag** [G6] aus die nächste kurze Fährpassage hinüber auf die Insel Krk an. In **Valbiska** [G6] ausgeschifft, steuert man Richtung **Krk-Stadt** › S. 138, 13 km nach Osten an einer idyllischen Bucht gelegen. Hier ist Zeit für einen entspannten Stadtbummel und ein Mittagessen, z. B. in der Konoba Šime › S. 143. In der Bucht von **Punat** › S. 139 mit ihrer riesigen Marina lohnt die romantische Klosterinsel Košljun einen Besuch. Übernachtet wird im Osten von Krk, an der schönen Badebucht von **Baška** › S. 140, deren Sand-/Kiesstrand Sie noch abends und auch am folgenden Vormittag ausgiebig genießen sollten.

3. Tag und 4. Tag: Denn in **Vrbnik** › S. 141 an der Nordküste empfiehlt sich am dritten Tag ein Mittagessen, anlässlich dessen die Beifahrer den berühmten Weißwein Vrbniška žlahtina verkosten dürfen. Über das reizende Städtchen **Omišalj** [H4], das etwas unter der nahen Raffinerie leidet, führt die Route nun über die Brücke **Krški most** [H4] zurück aufs Festland. Hier wenden Sie sich nach Norden, umkurven ab Kraljevica die **Bucht von Bakar** [H3], früher eines der großen Zentren des Thunfischfangs, und erreichen **Rijeka** › S. 112. Ein Nachmittagsbummel durch die lebhafte Hafenstadt, dann passiert man das k. u. k. Seebad **Opatija** › S. 110 und gelangt nach **Lovran** › S. 107, wo Sie zwei Übernachtungen einplanen sollten, um Zeit zu haben, die Schönheiten der k. u. k. Riviera auf sich wirken zu lassen.

Žlahtina-Trauben aus Vrbnik auf dem Weg zur Kellerei

Infos von A–Z

Ärztliche Versorgung

Die medizinische Versorgung in Kroatien entspricht mitteleuropäischem Standard. Städte verfügen in der Regel über ein Krankenhaus *(bolnica)*, kleinere Ortschaften zumindest über eine ambulante Erstversorgung.

Apotheken *(apoteka)* sind meist von 7–19 Uhr geöffnet. Bei der Suche nach einem Arzt *(doktor)* helfen Hotelmitarbeiter oder die Gastgeber. Da Kroatien EU-Mitglied ist, werden notwendige medizinische Leistungen nach Vorlage der Gesundheitskarte direkt mit der Krankenkasse abgerechnet.

Barrierefreies Reisen

Reisende mit Handicaps finden in vielen Hotelanlagen behindertengerechte Einrichtungen; das vom Fremdenverkehrsamt herausgegebene Hotelverzeichnis weist auf diese Häuser hin. Allerdings schränken felsige und steinige Strände den Meereszugang oft ein.

Diplomatische Vertretungen

- **Deutsche Botschaft**
  Ulica grada Vukovara 64
  HR-10000 Zagreb
  Tel. 01 6 30 01 00
  www.zagreb.diplo.de
- **Österreichische Botschaft**
  Radnička c. 80
  HR-10000 Zagreb
  Tel. 01 4 88 10 50
  www.aussenministerium.at/agram
- **Österreichisches Honorargeneralkonsulat**
  Klaičeva poljana 1, HR-21000 Split
  Tel. 021 32 25 35
- **Schweizerische Botschaft**
  Bogovićeva 3, HR-10000 Zagreb
  Tel. 01 4 87 88 00
  www.eda.admin.ch/zagreb
- **Schweizerisches Konsulat**
  c/o Hotel Split
  Strožanačka 20
  HR-21312 Podstrana
  Tel. 021 42 04 22

Einreise

Für die Einreise benötigen Deutsche, Österreicher und Schweizer einen gültigen Personalausweis oder Pass.

Elektrizität

Die Stromspannung beträgt 220 Volt; Adapter sind nicht notwendig.

Feiertage

- 1. Januar (Neujahr)
- 6. Januar (Hl. Drei Könige)
- Ostermontag
- 1. Mai (Tag der Arbeit)
- Fronleichnam
- 22. Juni (Jahrestag des antifaschistischen Kampfes)
- 25. Juni (Staatsfeiertag)
- 5. August (Tag des Sieges)
- 15. August (Maria Himmelfahrt)
- 8. Oktober (Unabhängigkeitstag)
- 1. November (Allerheiligen)
- 25./26. Dezember (Weihnachten)

Geld und Währung

Offizielle kroatische Währung ist die Kuna/Kn (HRK). 1 Kuna unterteilt sich in 100 Lipa (Lp). Münzen sind im Wert von 10, 20 und 50 Lipa sowie von 1, 2 und 5 Kuna im Umlauf. Banknoten gibt es im Wert von 5, 10, 20, 50, 100, 200, 500 und 1000 Kuna.

Bei der Ein- und Ausreise darf man ausländische Zahlungsmittel in beliebiger Höhe mitnehmen, muss aber Geld ab dem Gegenwert von 10 000 € dem Zoll melden. Der Umtausch vor Ort ist meist günstiger als im Heimatland.

Markt in Novigrad

Wechselkurse (Stand Dez. 2016): 1 € = 7,53 Kn, 1 CHF = 6,95 Kn, 10 Kn = 1,32 €, 10 Kn = 1,43 CHF

Geldautomaten und Wechselstuben finden sich in jedem größeren Ort; auch in Tourismusbüros, Banken oder an der Hotelrezeption können Kuna gewechselt werden. In touristischen Regionen wird häufig auch der Euro als Zahlungsmittel akzeptiert.

Haustiere
Für Hunde und Katzen muss ein EU-Heimtierausweis mit tierärztlichem Gesundheitszeugnis vorgelegt werden, das maximal vier Monate alt sein darf.

Information
Kroatische Zentrale für Tourismus
• Stephanstr. 13,
  D-60311 Frankfurt/M.
  Tel. 069 2 38 53 50
  croatia.hr
• Sonnenstr. 8, D-80331 München
  Tel. 089 22 33 44
  croatia.hr
• Liechtensteinstr. 22 a, A-1090 Wien
  Tel. 01 5 85 38 84
  croatia.hr
• Die Büros bearbeiten auch Anfragen aus der Schweiz

Tourismusinformationen vor Ort heißen *Turistička zajednica,* kurz TZ; ihre Adressen finden Sie bei den jeweiligen Orten dieses Reiseführers.

Turist biro oder *turist info* nennen sich häufig private Reisebüros, die gegen Gebühr z. B. Hotelzimmer oder Privatunterkünfte vermitteln oder auch Fährtickets verkaufen.

Internet
Zugang zum Internet bieten vielerorts die Gemeinden (kostenfreies WLAN an Hauptplätzen) und so gut wie alle gastronomischen Betriebe, wo der Gast unkompliziert den Zugangscode erhält. Auch in Hotels, Pensionen und auf Campingplätzen ist kostenfreies Internet inzwischen üblich.

Urlaubskasse	
Tasse Kaffee	1,50 €
Softdrink	2,20 €
Glas Bier	2,20 €
Burek	3 €
Kugel Eis	1 €
Taxifahrt (pro km)	1,50 €
Mietwagen/Woche	89 €

Maßeinheiten

In Kroatien gilt das metrische System. Speisen und Getränke in kleineren Mengen werden dezi- und dekaweise verkauft: 1 Dezi *(deci)* Wein ist ein Glas mit 0,1 l, 5 Deka Käse sind 50 g.

Mietwagen

Alle internationalen Verleihfirmen sind in den Touristenzentren und größeren Städten vertreten; zudem gibt es eine Vielzahl lokaler Anbieter. Über die jeweils günstigsten Tarife informieren Internetportale wie etwa www.billiger-mietwagen.de.

Notruf

• Mehrsprachiger **EU-Notruf**: Tel. 112
• **Polizei** *(policija):* Tel. 92
• **Feuerwehr** *(vatrogasci):* Tel. 93
• **Unfallrettung** *(hitna pomoč):* Tel. 94
• **Pannenhilfe HAK** (Hrvatski Auto Klub): Tel. 9 87

Öffnungszeiten

• **Geschäfte** haben keine gesetzlich geregelten Öffnungszeiten. Sie sind meist Mo–Sa 7.30–12.30 Uhr und 17–20 Uhr geöffnet, große Supermärkte durchgehend von 8–20 Uhr. **Restaurants** in den Feriengebieten sind meist täglich von 11–23 Uhr geöffnet; nur die wenigsten haben einen Ruhetag oder schließen am Nachmittag.
• **Banken:** Schalterstunden in größeren Städten sind Mo–Fr 7–19, Sa 7–13 Uhr, in kleineren Ortschaften sind sie über Mittag geschlossen.
• **Postämter** sind Mo–Fr 7–19, Sa 8–13 Uhr geöffnet

Post

Briefmarken *(poštanska marka)* werden in Postämtern (HPT), an Zeitungskiosken *(tisak)* und Tabakkiosken *(duhan)* verkauft.

Rauchverbot

In allen öffentlichen Gebäuden gilt striktes Rauchverbot. Hotels, Restaurants, Cafés dürfen jedoch spezielle Raucherzimmer einrichten.

Sicherheit

Kroatien ist ein sicheres Urlaubsland, doch sollte man die üblichen Vorkehrungen beachten, wie keine Wertgegenstände im Auto oder im Hotelzimmer lassen oder beim Stadtbummel nur Notwendiges an Wert mitnehmen.

Telefon und Handy

An öffentlichen Fernsprechern benötigt man eine Telefonkarte *(telefonska kartica)*, erhältlich bei der Post und an Kiosken. Roaminggebühren für Handytelefonate werden ab 2017 neu geregelt.

Trinkgeld

In der Gastronomie und Hotellerie ist der Service im Preis inbegriffen. Über ein Trinkgeld von etwa 10 % für guten Service freuen sich Bedienungen und Taxifahrer aber selbstverständlich.

Vorwahlnummern

• nach Deutschland 00 49
• nach Österreich 00 43
• in die Schweiz 00 41
• nach Kroatien 0 03 85

Nach der internationalen Kennung folgt die Ortsvorwahl ohne 0 und die Rufnummer.

Die Auskunft für ganz Kroatien erreicht man unter Tel. 988.

Zollbestimmungen

Es gelten die Ein- und Ausfuhrbestimmungen innerhalb der EU. Gegenstände des persönlichen Bedarfs, die den Gegenwert von 1000 Kuna übersteigen, müssen deklariert werden. Die Ausfuhr archäologischer Fundstücke ist untersagt.

Register

Bildnachweis

Coverfoto: Blick von der Insel Katarina auf die Altstadt von Rovinj © Johanna Huber/SIME/Schapowalow
Fotos Umschlagrückseite: © seasons agency/Jalag/Michael Schinharl (links), Fotolia/Daniel Vincek (Mitte); mauritius images/Alamy/clear vision pix (rechts)

dinopark.hr: 28; Fotolia/ah_fotobox: 23; Fotolia/azokok: 55; Fotolia/cico: 29; Fotolia/Zsolnai Gergely: 145; Fotolia/lexlero: 153; Fotolia/Karl Lugmayer: 37; Fotolia/mmphoto: 10 u; Fotolia/patrikslezak: 79; Fotolia/schulzfoto: 53; Fotolia/Daniel Vincek: 43; GlowImages: 84, 93; Huber Images/Gräfenhain: 57; istria-culture.com: 91; Istria Tourist Board/Igor Zirojevic: 30; 82, 87; Friedrich Köthe: 8, 9 o, 9 u, 10 o; laif/Frank Heuer: 108. 143; losinj-hotels.eu: 136; mauritius images/Alamy/clear vision pix: 41; mauritius images/Alamy/Realy Easy Star/Tullio Valente: 44; mauritius images/Manfred Mehlig: 141; mauritius images/Udo Siegig: 48; seasons agency/Jalag/Bernd Grundmann: 100; seasons agency/Jalag/Arthur F. Selbach: 39, 68, 148, U2-3; shutterstock/anshar: 111; shutterstock/ariy: 15, 90; shutterstock/Simun Ascic: 117; shutterstock/Susy Baels: 72, 135; shutterstock/bepsy: 59; shutterstock/Andrii Cherniakhov: 102; shutterstock/Pablo Debat: 133; shutterstock/DeymosHR: 146; shutterstock/goodcat: 130; shutterstock/Robert Hoetink: 65; shutterstock/iascic: 129; shutterstock/Inu: 6-7; shutterstock/Jakub.it: 71; shutterstock/JGA: 25; shutterstock/lero: 32-33; shutterstock/LianeM: 50; shutterstock/Mike Mareen: 150; shutterstock/mazarekic: 125; shutterstock/moreimages: 26; shutterstock/OPIS Zagreb: 46-47; shutterstock/Pecold: 63; shutterstock/Phant: 97, 106; shutterstock/photosmatic: 138, 151; shutterstock/Rsphotograph: 113; shutterstock/RossHelen: 58; shutterstock/Gordana Sermek: 119; shutterstock/silky: 99; shutterstock/John Silver: 16; shutterstock/sonsam: U2-1; shutterstock/Thoom: U2-2; shutterstock/Aleksandar Todorovic: 74; shutterstock/travelpeter: 80; shutterstock/WitR: U2-4; shutterstock/xbrchx: 20-21, 61, 95, 121, 122; shutterstock/Gergely Zsolnai: 126; Wikipedia/mijozi: 89; Zip Line Pazinska jama: 13.

Liebe Leserin, lieber Leser,
wir freuen uns, dass Sie sich für diesen POLYGLOTT on tour entschieden haben.
Unsere Autorinnen und Autoren sind für Sie unterwegs und recherchieren sehr gründlich, damit Sie mit aktuellen und zuverlässigen Informationen auf Reisen gehen können.
Dennoch lassen sich Fehler nie ganz ausschließen. Wir bitten Sie um Verständnis, dass der Verlag dafür keine Haftung übernehmen kann.

Ihre Meinung ist uns wichtig. Bitte schreiben Sie uns:
TRAVEL HOUSE MEDIA GmbH, Redaktion POLYGLOTT, Grillparzerstraße 12,
81675 München, redaktion@polyglott.de, Tel. 0 89/45 00 00 99 41
www.polyglott.de

1. Auflage 2017

© 2017 TRAVEL HOUSE MEDIA GmbH München
Dieses Buch wurde auf chlorfrei gebleichtem Papier gedruckt.
ISBN 978-3-8464-0103-3

Bei Interesse an maßgeschneiderten POLYGLOTT-Produkten:
Verónica Reisenegger
veronica.reisenegger@travel-house-media.de

Bei Interesse an Anzeigen:
KV Kommunalverlag GmbH & Co KG
Tel. 089/928 09 60
info@kommunal-verlag.de

Redaktionsleitung: Grit Müller
Verlagsredaktion: Anne-Katrin Scheiter
Autor: Friedrich Köthe
Redaktion: Karen Dengler, Werkstatt München
Bildredaktion: Barbara Schmid
Mini-Dolmetscher: Langenscheidt
Layoutkonzept/Titeldesign:
fpm factor product münchen
Karten und Pläne: Theiss Heidolph und Kunth Verlag GmbH & Co. KG
Satz: Tim Schulz, Mainz
Herstellung: Anna Bäumner
Druck und Bindung:
Printer Trento, Italien

PEFC
PEFC/18-31-506

TRAVEL HOUSE MEDIA

Ein Unternehmen der
GANSKE VERLAGSGRUPPE

Mini-Dolmetscher Kroatisch

Allgemeines

Guten Morgen.	Dobro jutro. [**dobro** **jutro**]
Guten Tag.	Dobar dan. [**dobar dan**]
Guten Abend.	Dobro veće. [**dobro wätschä**]
Hallo!	Zdravo! [**sdrawo**]
Wie geht's?	Kako je? [**kako jä**]
Danke, gut.	Hvala, dobro. [**chwala dobro**]
Ich heiße ...	Zovem se ... [**sowäm ßä**]
Auf Wiedersehen!	Do viđenja! [**do widsehänja**]
Morgen	jutro [**jutro**]
Vormittag	prijepodne [**prijäpodnä**]
Nachmittag	popodne [**popodnä**]
Abend	večer [**wätschär**]
Nacht	noć [**notsch**]
morgen	sutra [**ßutra**]
heute	danas [**danas**]
Sprechen Sie Deutsch / Englisch?	Govorite li njemački/ engleski? [**goworitä li njämatschki / änglääski**]
Wie bitte?	Molim? [**molim**]
Ich verstehe nicht.	Ne razumijem. [**nä rasumijäm**]
Sagen Sie es bitte noch einmal.	Recite još jedanput, molim. [**rätßitä josch jädanput molim**]
..., bitte.	..., molim. [**molim**]
Danke.	Hvala. [**chwala**]
Keine Ursache.	Nema na čemu. [**näma na tschämu**]
was / wer / welcher	što / kto / koji [**schto / kto / koji**]
wo / wohin	gdje / kamo [**gdjä / kamo**]
wie / wie viel	kako / koliko [**kako / koliko**]
wann / wie lange	kada / kako dugo [**kada / kako dugo**]
Wie heißt das?	Kako ovo se zove na hrvatskom? [**kako owo ßä sowä na chrwatskom**]
Wo ist ...?	Gdje je ...? [**gdjä jä**]
Können Sie mir bitte helfen?	Molim Vas, možete li mi pomoći? [**molim waß moschätä li mi pomotschi**]
ja	da [**da**]
nein	ne [**nä**]
Entschuldigen Sie!	Oprostite! [**oprostitä**]
Das macht nichts.	Nema veze. [**näma wäsä**]

Shopping

Wo kann ich ... kaufen?	Gdje mogu kupiti ...? [**gdjä mogu kupiti**]
Wie viel kostet das?	Koliko košta? [**koliko koschta**]
Wo ist eine Bank / Wechselstube?	Gdje je banka / mjenjačnica? [**gdjä jä banka / mjänjatschnitßa**]
Geben Sie mir 100 g Käse / zwei Kilo Orangen.	Dajte mi deset deka sira / dva kila naranča. [**dajtä mi däsät däka sira / dwa kila narantscha**]
Haben Sie deutsche Zeitungen?	Imate li njemačke novine? [**imatä li njämatschkä nowinä**]
Wo kann ich telefonieren / eine Telefonkarte kaufen?	Gdje mogu telefonirati / kupiti telefonsku karticu? [**gdjä mogu täläfonirati / kupiti täläfonsku kartitßu**]

Essen und Trinken

Die Speisekarte, bitte.	Jelovnik, molim. [**jälownik molim**]
Brot	kruh [**kruch**]
Kaffee	kava [**kawa**]
Tee	čaj [**tschaj**]
mit Milch / Zucker	s mljekom / sa šećerom [**ß mljäkom / ßa schätschärom**]
Orangensaft	sok od naranča [**ßok od narantscha**]
Suppe	juha [**jucha**]
Fisch / Meeresfrüchte	riba / morski plodovi [**riba / morski plodowi**]
Fleisch	meso [**mäßo**]
Geflügel	perad [**pärad**]
vegetarische Gerichte	vegetarijanska jela [**wägätarijanska jäla**]
Eier	jaja [**jaja**]
Salat	salata [**ßalata**]
Dessert	desert [**däßärt**]
Obst	voće [**wotschä**]
Eis	sladoled [**ßladoläd**]
Wein	vino [**wino**]
weiß / rot / rosé	bijelo / crno / ružica [**bijälo / tsrno / ruschitßa**]
Bier	pivo [**piwo**]
Wasser	voda [**woda**]
Mineralwasser	mineralna voda [**minäralna woda**]
mit / ohne Kohlensäure	sa ugljičnom kiselinom / bez ugljične kiseline [**ßa ugljitschnom kißälinom / bäs ugljitschnä kißälinä**]
Limonade	limunada [**limunada**]

Meine Entdeckungen

....

....

....

....

....

....

....

....

....

....

....

....

....

....

....

....

....

....

Clevere Kombination mit POLYGLOTT Stickern
Einfach Ihre eigenen Entdeckungen mit Stickern von 1–16 in der Karte markieren
und hier eintragen. Teilen Sie Ihre Entdeckungen auf facebook.com/polyglott1.

Checkliste Istrien und Kvarner Bucht

Nur da gewesen oder schon entdeckt?

☐ **Magischer Sonnenuntergang**
Ein unvergleichlicher Zauber legt sich über alles, wenn im Agroturizam Dvori Sv. Jurja auf Krk die Sonne untergeht – am besten mit einem kühlen Glas Weißwein genießen. › S. 15

☐ **Wandern auf Römerpfaden**
Die Wanderwege auf der Insel Cres führen teils auf antiken Wegen und über von Römern errichtete Brücken. › S. 12

☐ **Ein Besuch auf dem Markt**
Rijekas Markthallen sind einfach überwältigend! Fisch, Obst, Gemüse, Käse, Wurst und wunderschöne Blumensträuße. › S. 45

☐ **Eine Genussreise mit Kvarner Tapas**
So schmeckt es am besten: Eine Vielfalt verschiedener Spezialitäten öffnet die Sinne für die kulinarischen Köstlichkeiten der Region. › S. 14

☐ **Von der Grotte an den Strand**
Zuerst die Karsthöhle Špilja Biserujka erkunden, danach in die glasklaren Adriafluten springen: Auf Krk liegen Unterwelt und Meer nah beieinander. › S. 13

☐ **Mateo, Danijel, Luka**
Die drei Brüder sind Namensgeber für die Fischerhütte MaDaLu in der Bucht von Santa Marina, wo Mateo und Luka das servieren, was Danijel ein paar Stunden zuvor gefangen und Mama Laura dann zubereitet hat. › S. 13

Mitbringsel für Daheim

Kettchen: Mit Schmuck von Aqua Maritime verschenken Sie Adriaflair. › S. 16

Fleur de Sel: In den Salinen von Sečovlje hübsch verpackt zu erstehen. › S. 17